生育焦虑
恐惧婚育的一代

悦芝林　著

ZHEJIANG UNIVERSITY PRESS
浙江大学出版社

图书在版编目（CIP）数据

生育焦虑：恐惧婚育的一代 / 悦芝林著. — 杭州 ：
浙江大学出版社，2024.7
ISBN 978-7-308-24786-3

Ⅰ. ①生… Ⅱ. ①悦… Ⅲ. ①生育－社会问题－研究－
中国 Ⅳ. ①C924.24

中国国家版本馆CIP数据核字(2024)第067890号

生育焦虑：恐惧婚育的一代

SHENGYU JIAOLÜ: KONGJU HUNYU DE YIDAI

悦芝林　著

策划编辑	杭州蓝狮子文化创意股份有限公司
责任编辑	张一弛
责任校对	陈　欣
出版发行	浙江大学出版社
	（杭州市天目山路148号　　邮政编码　310007）
	（网址：http://www.zjupress.com）
排　　版	杭州林智广告有限公司
印　　刷	杭州钱江彩色印务有限公司
开　　本	880mm×1230mm　1/32
印　　张	9.5
字　　数	172千
版 印 次	2024年7月第1版　2024年7月第1次印刷
书　　号	ISBN 978-7-308-24786 3
定　　价	65.00元

序

很庆幸能够以本书为媒介，与徘徊在人生重要抉择边上的你相遇。

对于一些畏惧婚育的年轻人来说，看到与生育话题有关的书，可能会下意识地想要回避。但生育是人生中很难逃避的话题，我相信，能够翻开这本书的你，一定拥有面对生育的勇气。

2019年夏天，我忽然收到一条来访者的消息。在消息中她向我告别，说自己没有活下去的力气了，还附了一张自己站在桥上的照片。当时，这位来访者已经咨询了半年多的时间，我非常担心她的状态。收到消息后，我联系不上她，于是立刻报警，并联系了她的紧急联系人。在确定她状态稳定之后，我们重新约定了咨询时间。

这位来访者觉得，自己的老公是"甩手掌柜"，家里大事小事都需要她操心。她很担心要孩子之后自己会陷入更加缺乏支持的操劳之中，会因为婆媳关系的问题被老公责怪，会因为身材走样被老公嫌弃。在很长一段时间里，她对于是否要孩子

的事情非常焦虑，她会花费很多时间了解其他家庭生育之后的
状态，会和有孩子的女性聊生育之后她们的身体和生活发生的
变化，她疯狂阅读有关生育的书——为了了解成为母亲会面临
哪些困难。虽然很担心要孩子之后的生活，但眼看生育的最佳
年龄即将过去，她又非常担心年龄大了对生育不利，因此她非
常纠结。

直到她查出自己患有妇科疾病，必须做手术，而且很有可
能会留下不孕不育的后遗症时，她几乎要选择极端的行为。好
在当时她向几位在意她的人告别，因此被及时救下。

其实不只是这位来访者，近些年，我身边越来越多的人频
繁聊到有关生育的困扰，其中我最常听到的劝别人生育的话就
是："如果你想要孩子的话就尽早，年纪大了经不住折腾。"

虽然这句劝告是充满善意的经验之谈，但很难真正缓解他
人内心的焦虑。正如上文提到的那位来访者，在是否要孩子这
个问题的背后，其实是她对亲密关系强烈的不安全感；在她的
极端行为背后，是被生育能力捆缚住的僵化的自我价值。在这
种情况下，如果选择生育，很可能她将面对更多的问题和痛苦。
她面对的真正问题其实是如何不被他人左右，坚定地相信自己
值得被好好对待，以及找到生育之外的价值感。

在那件事之后，我对这类问题非常关注，并且逐渐意识到
越来越多的年轻人（尤其是女性）对生育的担忧远比想象中的

更加强烈。

全国人口普查数据显示，我国平均初育年龄从 2000 年的 25 岁上升到 2020 年的 27.9 岁。[①] 2022 年的数据显示，部分一线城市（如上海）的平均初育年龄甚至超过 30 岁。[②] 在一些网络平台上，关于生育的意义和意愿的讨论也受到越来越多人的关注。

放眼身边的朋友和来访者，有的为了反抗父母而不要孩子；有的因为原生家庭创伤不愿与异性接触；有的虽然并不想生育，但考虑到工作和人生发展阶段，掐着时间要孩子；有的为了证明自己的生育能力而要孩子；有的没有顶住长辈"催生"的压力而要孩子；还有的因为对婚姻感到失望而要孩子，想借此改善关系……

为什么越来越多的年轻人畏惧或不愿要孩子，甚至不愿走入婚姻？又为什么这样那样不可思议的原因都可能成为要孩子或不要孩子的理由？人们在适合生育的年龄阶段究竟在经历怎样的困扰？

《我是特优声·剧团季》中有一期原创剧目《长发公主的冒险》。这部广播剧讲述了主人公一直受身边人影响，像一个"傀儡"一样被迫前行，最终为找回自我而发出内心的呐喊的故事。

[①] 根据国家统计局第五次和第七次全国人口普查数据。

[②] 根据上海市 2022 年度人口监测统计数据。

其中有段台词说出了许多当代年轻人的心声："为什么没有人可以理解，现在的我只想一个人吃饭、一个人看电影？为什么我一定要外向合群、面面俱到？为什么我一定要逼自己证明我没事、我很好、我没问题？"相关的片段在网络上传播和热议，体现了人们对自身情绪被理解、被尊重的渴望。

相信很多年轻人都有类似的心声，在成长过程中，自己的情绪和感受被忽视、被否定、被压抑，在持续多年的激烈竞争和升学压力下，在有着诸多问题的原生家庭的影响下，能够应对好眼前的生活已属不易。表面上看起来还不错的生活，是默默压抑了无数负面情绪和痛苦感受才支撑起来的。

许多被压抑的沉重感受在面对婚育问题时被迫重新翻开、重新面对，于是与婚育相关的抉择就成了人们长久以来积压的情绪爆发的导火索。"不婚不育保平安"的口号和父母"催婚""催生"的要求在相互拉扯，年轻人渴望的真的是不婚不育吗？年轻人关于不婚不育的表达很可能和广播剧中的呐喊一样，是渴望自己的恐惧和担忧被看见、被尊重、被理解，是期待自己被挤占和压抑的内心能够被归还、被救赎。

过分忧虑要不要生育这件事本身，可能会让人忽略忧虑背后的内心感受。与其逼迫自己做出决定，不如先理解、尊重自己内心一直以来被忽视了的真实感受，先温柔拥抱自己的内在小孩。如果我们能够更好地处理自己的问题，以更好的状态生活，就能够有更多精力和能量应对人生道路上的种种问题，有更充分的空间去面对关于生育的种种可能性。

"使人疲惫的不是远方的高山，而是鞋子里的一粒沙子。"要孩子这件事亦是如此，它像是人生道路上的一座山丘。虽然翻越它会有新的风景，但是翻越过程会很艰辛。如果你在当下的道路上走着，双脚已经磨出了水泡，每走一步都疼痛难忍，那么你很可能不愿意翻越前方的山丘，甚至会产生强烈的畏惧和恐慌。如果硬着头皮勉强自己走上更陡的山路，就不得不面对更加难以承受的疼痛。此时，你最应该做的是先正视自己的状态，觉察痛苦的根源，试着做出调整，让内心感觉更好一些。倒出鞋里的沙子，处理并养好伤口，换上更合适、更舒服的鞋……总之，找到一种更舒适、更有力量的姿势和心态，面对往后的道路。

本书分为三个部分，前三章从心理层面寻找和分析人们面对生育时感到焦虑的原因；第四章到第八章力图从不同视角为读者提供缓解焦虑的具体思路，帮读者在面对自身和人际关系时找到更舒适的心态；第九章到第十一章从性的心理意义和自我关怀等角度着手，帮助打算生育的人更清晰地分辨内心的真实想法，做好更充分的心理准备。

希望本书能够帮助正在经历或者可能会经历生育困扰的人弄清楚自己担心的究竟是什么，思索焦虑背后更深层的原因，直面核心问题，进而缓解焦虑。

　　同时，我也希望借此机会，帮助读者梳理困住自己的种种思想或关系上的枷锁，尝试自我松绑，释放生命潜力，找到人生更多的可能性。

目　录

第一章　难以摆脱又无法割舍的原生家庭

原生家庭是一个人最初与他人建立关系、了解世界的地方，也是一个人开始认识自我、培养自信的地方。

然而，近几十年来社会的迅速发展和时代的巨大变化，让几代人在价值观、对待自我的态度，以及对人际关系的认识上产生了巨大的代沟。这种巨变和代沟不断冲击着新一代年轻人，他们在心理上不断面对层出不穷的挑战和矛盾，比如在拼命满足他人期待的同时，却忽视了内心真实的想法和需求；在身心被缺乏尊重地侵占与伤害的同时，也削弱了对关系的期待和信心；把纠缠不清的情绪、情感带到亲密关系中，难以真正看见和理解对方，难以建立有效的联结和互动……

原生家庭是人们从小赖以生存和成长的基石，是建立自我意识、人生观、价值观的重要倚仗，是构成自我的一部分，但在代沟之下，在日常的矛盾冲突中，原生家庭也带给人们痛苦。

这种痛苦反映在婚育问题上就体现为：被剥夺、伤害或压抑的年轻人在内心还没准备好的情况下，就不得不面对结婚、生育的艰难选择和巨大压力。

缺乏边界感的养育

父母观念侵占孩子的内在世界

　　"我做这一切都是为了他们啊，你说他们一辈子为了我起早贪黑，最后的愿望就是看到我结婚生子，我有什么不能为他们做的？可是一想到结婚结得这么仓促，也没有什么感情基础，有孩子之后又要过和他们一样的后半辈子，我真的好绝望，突然就没有活下去的勇气了。"

　　怀孕六个月的梁女士在咨询室里崩溃了，两周前她刚经历了自杀未遂。

　　那么问题来了：怀着孩子的她为什么会想到自杀？

　　梁女士是20世纪90年代初的那批独生子女中的一个。

　　梁女士回忆说，在自己小升初期间，为了能让她上一所教育水平相对较高的子弟学校，他们举家搬到了市区，妈妈放弃了体制内待遇优厚又稳定的工作，爸爸更是错失了升职的好时机。背负着全家人的期望和付出，她来到了新的环境拼命学习，不仅要适应新的环境、新的授课节奏，还要克服普通话不标准的"硬伤"。

从初中到高中，从童年开始到青春期结束，她最喜欢的事情就是看电视，但这件事经常是不被允许的，更不要说玩游戏、谈恋爱，抑或只是同学聚会之类的活动。每个寒暑假她几乎都在各种课外补习中度过，甚至春节期间都在家复习。其他事情不重要，她只需要学习，提高成绩。这对于青春期的孩子来说谈何容易？但她还是坚持下来了，从高一的年级排名 260 多名逐渐提高到高三的年级前 50 名，加上特长分，她最终顺利进入梦寐以求的一流学府。

"我当时觉得终于'熬出头'了，但进了大学才知道竞争有多激烈，为拼绩点和奖学金，大家都学到很晚，大三更是在出国、保研、找工作之间'削尖了脑袋'。每年学校都有因学习或找工作的压力而崩溃的同学。"

说到父母，梁女士感慨："回忆起这些年的求学之路，我深刻体会到父母有多辛苦。他们总是比我更早起床，比我更晚才休息，甚至帮我整理学习资料。在我大学期间，我也一直是他们生活的重心，他们经常担心我的衣食住行，一年两三次不远千里来学校看我。我爸大雪天还出门帮我弹被子，弹好了之后又给我寄过来。但我并不想像他们这样过一辈子，一想到以后抚养孩子的生活，我真的非常恐惧。"

在婚育问题上，她坦言："我对做父母有心理阴影，从小他们就一直围着我转，这让我非常痛苦。说实话，读研之后我才后悔为什么小时候没有多接触社会，没有多学点生活技能，没有好好想想自己真正想做的是什么。一直以来，我就好像一个考试工具。如果人生可以重来，我真想活得轻松一点。如果生孩子意味着要度过如此煎熬的一辈子，我宁可不要。"

然而，就在她工作第三年，一直催婚催娃的母亲查出患了宫颈癌，而且是晚期。为了让母亲最后几个月安心，她愿意做任何事情，于是她接受了之前母亲介绍的相亲对象，迅速结婚，并且怀上了孩子，在怀孕四个月的时候，她含泪送走了母亲。逐渐平静下来之后，想着自己日渐凸显的肚子和已逝的亲人，梁女士却自寻短见，在家中割腕，还好赶回家的丈夫及时发现并实施了救援，没有影响到孩子。最终，她来到咨询室说出了开头的那番话。

很显然，梁女士父母的期待与她自己的愿望截然不同，父母希望她把所有时间用于提高成绩，而她更希望尝试自己感兴趣的事情。但无论她是否满足了别人的期待，她的存在本身都是有意义的，她的人生也是值得期待的。

然而，过去拼命提高成绩以实现父母期待的那个讨好的她，已然成为她的一部分，这个过程仿佛能让她认可自己的存在，迎合他人已经成为她的一种习惯。她的内在世界很大一部分被父母的期望牢牢地占据了，她的人生选择和父母的需求紧紧捆绑在了一起，所以她也几乎没想过自己想要什么。当一直给她树立人生目标的母亲离开之后，她感觉几乎失去了一切。

站在父母的角度看，在20世纪七八十年代那个结婚需要单位批准，节育都要服从组织安排的年代，整个社会文化中还不流行边界感这一概念；相反，"人就是集体的一块砖，哪里需要哪里搬"的思想非常普遍。这种观念从两个方面对个人的价值感和家庭关系产生了极大的影响：一方面是"为了大我牺牲小我"的道德要求；另一方面是"我的价值需要他人评判"这种极强的人际连接感。

"为了大我牺牲小我"强调的是一种无私奉献，"无私"就是丝毫不考虑自己，全心为他人。在吃不饱穿不暖的动荡年代，这种想法无疑像一团火焰，能够点燃人们的希望和信仰，激发人们前进的动力和信心。但这种观念放在物质资源日渐丰富的和平年代，放在家庭关系和亲子关系中，就很难保持纯粹了。

为自己考虑是人的本能。弗洛伊德所说的"本我"指向的就是人本能的需求和渴望。尤其是当物质生活越来越丰富，这种"本能的需求"有了更多觉醒和被关注的机会。如果依然保持着过分强调"无私奉献，一切为别人"这种道德观念的"超我"，"自我关怀和自我照顾"可能就意味着被道德所批判的"自私"，那么人们内心的诸多"本我"需求就无法被满足，冲突因此而生。对于很多家庭来说，这份不甘和期待只剩下一条路可走——为孩子。他们把孩子当作自己的一部分，"为孩子"就相当于"为自己"，同时"为孩子"也是"为他人付出"的道德文化所认可的。然而，"本我"的需求并不会因为压抑和忽视而消失不见——于是，为孩子付出就成为很多父母被压抑许久的自我愿望和需求的唯一出口，成为仅有的一种被允许的选择。我们因此见到很多父母将自己几乎所有的期待和心血投注在孩子身上。

> 他们好像在用自己的一生作一赌博，赌注就押在孩子身上。他们把一生的全部心血押上去之后，所期待的收获是孩子的良心。
>
> ——李银河《生育与村落文化》

另一方面，"我的价值需要他人评判"是集体主义经济体制下的一种人际关系特点。这意味着为了实现集体的最高目标，个体之间能够极大程度地相互监督。对于个体而言，竞争结果和"面子"就成为自我价值感的重要依据。在家长制观念较强的家庭教育下，观念中深刻的竞争意识和过重的"面子"观就体现在了育儿上。

这样的家长可能总对孩子不满，总要和"别人家的孩子"进行比较，"谁家孩子更优秀"是受到普遍关注的事情，而能"有效"证明这件事的就是分数和排名。孩子们也自然开始关注这些方面，将其内化成自我价值的一部分，但同时也在无形中被迫割让出了自己内心的领地。

缺乏生活的内在动力

鑫宇是一个高中一年级男生，上高中以来他一直情绪低落，沉迷于游戏。来到咨询室，他坦言道："以前我对学习挺有热情的，是班里成绩拔尖的那个，其他同学都很崇拜我，老师也特别看好我。但是上了高中之后，优秀的人太多了，我排名就靠后了。尤其是当我考得好的时候，别人反而会惊讶，这让我觉得他们认为我本来就很差，老师现在也不会特别在意我，就连我自己都在怀疑，我还能不能学好。"

小学和初中过分强调成绩和排名的学习经历，让他把自我价值感建立在是否优秀上，建立在别人对自己的看法上。直到有一次，他在咨询中崩溃大哭，说："从前优秀的那个自己，在高中被彻底毁掉了。我现在很糟糕，没有人会在乎我，大家都觉得我很差，连我自己都怀疑了。"他终于说出了自己情绪低落、沉迷于游戏的原因——失去了所谓"优秀"的排名，失去了别人的欣赏和赞美，就好像失去了自己的一切。

9

因为类似情况出现心理问题而来访的青少年数不胜数，他们有的出现了强迫症状，比如强迫自己专心听讲，但越紧张就越容易走神，或者担心同学对自己有负面的看法而忧虑不已；有的抑郁消沉，厌学"摆烂"，甚至认为失去了学习上的"优秀"，自己就不配活着，就应该被抛弃；有的影响到人际关系，任何同学之间的活动和交往都会令其紧张、愤怒，因为那些事在耽误学习的时间……其症结往往是过分在意成绩排名、在意他人的看法导致的焦虑、紧张和恐惧。有不少孩子会在成年之后延续这些症状，把"优秀"当作安全感的唯一来源，迫使自己在各方面都必须出众，对自己非常挑剔、苛刻，无法真正对自己满意。

想要真正帮助到这些孩子，就需要让他们从单一的评价体系中解脱出来，帮助他们明白优秀与否是外界的定义，而经历着这一切的自己是独一无二、有价值有意义的存在，要帮助他们留意到除了那些外界评价，生活本身还有很多被忽略的美好。

如此多的孩子在被类似的问题所困扰，这种近乎普遍的现象发人深省：为什么孩子会把成绩当作自己的全部呢？

我们先来看一个故事。

一群孩子在一个老人家门前嬉闹，叫声连天。几天过去，老人难以忍受。于是，他出来给了每个孩子25美分，对他们说："你们让这儿变得很热闹，我觉得自己年轻了不少，这点钱表示谢意。"孩子们很高兴，第二天又来了，一如既往地嬉闹。老人再出来，给了每个孩子15美分。他解释说，自己没有收入，只能少给一些。孩子们兴高采烈地走了。第三天，老人只给了每个孩子5美分。到了第四天，老人就不再给他们钱了。孩子们勃然大怒，他们向老人发誓，他们再也不会为他玩了！

老人用的办法非常巧妙，他通过奖励的方式，无形中用外部因素替换了孩子们玩闹的内在动机。

在强调分数和排名的教育模式中，发生的事情也非常类似——学习本身其实是非常有趣的事情，但无论孩子最初对学习过程本身的感受如何，当以结果为导向的价值观主导了学习活动时，孩子们学习的内在动机就被转移到了外在结果上。

但这个结果又是极其不确定且不可控的——排名要多靠前才算足够好？分数要多高才算绝对优秀？这是没有定论的问题。因为比较的过程总在动态变化，你永远不知道别人会有怎样的变化，这么一来，不仅内在学习动机被削弱了，而且整个比拼成绩的过程都充满了焦虑和惶恐，想要获得更多确定感，就必须比别人学得更多，于是育儿过程中的"电影院效应"①几乎是必然的结果。但这种无休止的竞争看似是为了赢得更多

---

① 指在电影院中有人为了看得更清楚而站了起来，后排人也不得不站起来，甚至有些人站得越来越高的现象，比喻一种过度内卷的竞争。在这种情况下，人们会为了看电影而变得越来越辛苦，却没有人愿意坐下来放松地看电影。

确定感和更好的排名，实则是在掏空孩子内在动力的路上越走越远。

有多少孩子在长期经历"考个高分数""上个好大学""找个好工作"这种目标优先的教育内卷过程中，在触及梦想之前就已经失去了对人生意义的追求，失去了对生活本身的兴趣和内在的驱动力？

北京大学心理健康中心的徐凯文教授在接触到的众多学生案例中发现了一类具有相似心理问题的学生，他们会在考上大学之后失去人生目标，不知道自己想做什么，从而变得迷茫、抑郁。他曾针对北京大学一年级新生做过一个调研，结果显示：30.4%的学生厌恶学习，40.4%的学生觉得人生没有意义。这些在激烈的竞争中脱颖而出的"优胜者"，却对学习和人生都怀着强烈的无意义感，甚至还有不少学生怀有自杀意愿。据此，徐教授提出了"空心病"的概念：由价值观缺陷导致的心理障碍，症状表现为对人生感到毫无意义，对生活感到十分迷茫，存在感缺失，身心被掏空，不知道自己想要什么。[①] 这一概念逐渐在各大高校和网络媒体中成为热门词汇，因为这正是无数现代大学生面临的一种相当普遍的心理现状，这种状况有很大概率会进一步转化为抑郁相关的心理问题。

---

① 左佑.对人生意义的质疑也是成长的过程[N].中国青年报,2016-11-23(02).

　　过于在意结果的学习会掏空孩子的内在动机，而任何有条件的爱都可能把孩子的自我价值转化为条件本身。

　　米兰·昆德拉的《告别圆舞曲》中有这样一句话："假如我有了一个孩子，那我就好像是在说：我出生了，我品尝了生命，我证实它很美好，值得我们去重复。"这句话点出了愿意要孩子的一种心理基础：当一个人更能够感受幸福，对关系更常感到满足，对生活拥有更多兴趣和期待，他就更可能信任他人，愿意要孩子，愿意把这份幸福和美好传递下去。但如果年轻人在原生家庭的成长中、在学校接受教育的过程中，已经被逐渐消耗了对生活本身的兴趣，极大程度上被削弱了对活着的渴望和信心，他们如何能继续面对往后的人生？又谈何生养孩子？

来自原生家庭的创伤

亲人带来的关系创伤

在一次讲座中，主讲老师描述了自己和一个经历过 "5·12" 汶川地震的小男孩一起吃饭的场景。饭桌上大家正在闲聊，一辆卡车从外面的马路上驶过，发出了轰鸣声，餐桌稍有震感。大家都没当回事，但唯独那个小男孩不见了踪影。经过寻找，大家发现他在饭桌底下藏着。老师发现他面色苍白，双手颤抖，眼眶里有眼泪在打转。很显然，这个小男孩被大卡车经过造成的震感激活了曾经的创伤体验。

人的大脑中有一个部位叫杏仁核，它是让人产生情绪、识别情绪和调节情绪的重要结构。每当人们经历诱发情绪的事件时，相应的信息可能会被标记，尤其是恐惧和痛苦的感觉。当人们再次被暴露在曾经有过创伤体验的画面或声音中时，就算时隔多年，杏仁核也会发出警告，引发大脑恐惧中心的一系列活动，导致心跳加速、血压上升、呼吸急促等表现。①

　　而这个小男孩的表现明显是创伤后的应激障碍——饭桌的震动激发了他曾在灾难中经历的恐惧情绪和回忆，他的身体也表现出如同再次亲身经历般的紧张。

　　大多数人理解的创伤是在战争中、灾难中，突然出现让我们极端惊恐、惧怕的事情或场景。这确实是现实生活中人们遭受创伤的重要途径。但更普遍的情况常常被人们所忽视——关系中的创伤。

　　雨琪从大学毕业那年开始来咨询室接受心理辅导，到现在已经有两年多的时间。然而正是在即将迈入第三年的一段时间里，雨琪在咨询中表现出了与过去迥然不同的一面。

　　"我帮她（室友）做了很多事情都好像是理所应当，而在我发高烧的时候，她不但不愿意帮助我，还指责我自作自受。所以在她又一次需要帮助的时候，我拒绝了，却竟然被她指责，说我不近人情，说我过分。"雨琪在咨询室里情绪激动地说。

　　咨询师回应道："在这个过程中，你的需求被忽略了，还受到了指责。"

　　"不只是被忽略、被指责这么简单。我反复回想和她的相处，上班的时候，失眠的时候，看书的时候，这已经严重影响

①　（美）巴塞尔·范德考克. 身体从未忘记：心理创伤疗愈中的大脑、心智和身体 [M]. 李智，译. 北京：机械工业出版社，2016.

到了我的生活。我会想象跟她对话的场景，把同一个对话反复想象无数次，甚至每次都会有不一样的版本，但每一次，她都在利用我、伤害我。"

"这种感觉让你很痛苦。"

"你根本没有办法理解那有多痛苦！"雨琪愤怒地对咨询师吼道。

咨询师有些诧异，因为雨琪以前并不这样，大多数时候，她都比较伤感且平静。究竟是什么让她痛苦到如此强烈的程度，让她对这个人如此愤怒，让她反复回忆、反复想象，情绪激烈，难以摆脱，甚至到了别人难以理解的程度——是创伤体验。但为什么咨询了两年多，她才会如此强烈地表现出来？或许此时的咨询师在雨琪眼里和那些冷眼旁观的人一样，让她感到无比失望和愤怒。

从高中开始，直到大学期间，每当雨琪感到痛苦的时候，她都会用小刀划自己的手臂，她曾说："那种疼痛仿佛能缓解内心的难受，看着血流出来，心情也能莫名好些。"相比过去那个把所有痛苦情绪都转向自身甚至自伤自残的女孩而言，雨琪在这一阶段能够更加直接地表达出心中的痛苦和愤怒，可以说是一种巨大的进步。

是什么让雨琪如此痛苦，甚至通过自我伤害才能得到缓解？她又为什么会在咨询的过程中因为咨询师的反应而爆发出惊人的愤怒？

　　在雨琪小时候，她的父亲经常会在严厉指责她之后，把她丢在街上就走了，或者不分时间地点地打骂她，甚至会在自己心情不好的时候无端责怪她，把她赶出家门。在那些被打骂、被针对、被抛弃的时刻，她其实都在经历着难以描述的紧张、恐惧和被迫害的感受——对，她的杏仁核也一定会标记下这些情景。她的室友习惯性地推卸责任，利用雨琪，不分情况地指责她，这让雨琪感受到了那种儿时曾无数次出现过的创伤体验——被伤害、被利用、被抛弃，这些经历激活了雨琪内心深处难以名状的恐惧感和被迫害感，甚至让她如同回到了当时被父亲责骂、殴打、抛弃在街上的感觉中。对于普通成年人来说，这种事情可能发生一次就很受伤，得缓个好几天才能恢复，而对于年纪还小的雨琪而言，这种被抛弃、被家暴的伤害就如家常便饭一样稀松平常，这在雨琪心中造成了一种长期性的关系创伤。

　　雨琪不仅在说到这件事的当下表现出了过分激动的情绪；在之后的咨询中，她甚至嘶吼、哭泣、怨恨，但几乎不知道自己在说些什么，甚至吐字都不再清晰，这很容易让人联想到拼命哭喊想要获得父母关爱的孩子，或者一只极度紧张、浑身乍毛的狸花猫。

　　在感觉到被抛弃、被伤害的时刻，她的内心该有多么绝望，但像这样的哭喊放在以前，只会招来父亲更严厉的责骂和训斥，以及母亲假装什么也没发生的冷眼旁观。过去的她因此学会了不再反抗，把愤怒转向自身，进行自我伤害。而现在，当她对咨询师有了更多的信任之后，移情悄然发生了，咨询师就好像从前冷眼旁观的母亲一样，令她无比愤怒和失望，但同时她又无比希望母亲能够给予她渴望的温暖和保护。

与同学相处时，她无法敞开心扉相信别人，因为别人无意中的行为总能刺痛她；与同事相处时，她更难以表达自己的真实想法，总在用一个厚厚的壳罩住自己，不然就很可能会因为过度敏感做出不当的反应；在恋爱关系中，她总对男朋友感到无比失望、愤怒，亲密关系难以长久，这也让她痛苦不已……她好像一个一直躲在角落瑟瑟发抖的小女孩，难以走出那个令人恐惧的、黑暗的、寒冷的小房间。而这些遍布在生活中的畏缩和反复体验到的痛苦，正是原生家庭中长久以来的关系创伤给雨琪留下的影响。

雨琪持续接受了两年多心理辅导，才逐渐能够相对直接地表达内心的情绪感受，理解自己痛苦的原因。但还有多少经历着长期关系创伤的孩子和成人，依然在没有任何帮助的情况下艰难前行？

人际关系中的退缩

在与重要他人的相处中，如果时常出现一些情境，让我们陷入巨大而淹没性的恐惧、害怕、无助，或者被迫害等痛苦情绪中，那么这就有可能是一段存在创伤的关系体验。这种情况多吗？我们可以看一组数据。

世界上有大约 1/3 的夫妻之间发生过暴力行为。[①]

全国妇联和国家统计局 2011 年公布的《第三期中国妇女社会地位调查主要数据报告》显示，在整个婚姻生活中曾遭受过配偶侮辱谩骂、殴打、限制人身自由、经济控制、强迫性生活等不同形式家庭暴力的女性占 24.7%。

另一项研究发现，在父母有婚姻暴力的家庭中，74.1% 的子女会遭受暴力；父母婚姻暴力频率较高的家庭，子女遭受家庭暴力的比例达 78.8%。[②]

此外，联合国儿童基金会曾对 68 篇研究文献进行分析。结果显示，在中国 0—17 岁的儿童中：

遭受躯体虐待的发生率为 26.6%；

---

① （美）巴塞尔·范德考克. 身体从未忘记：心理创伤疗愈中的大脑、心智和身体 [M]. 李智，译. 北京：机械工业出版社，2016.

② 蒋月，潘峰. 针对未成年人的家庭暴力与防治对策 [J]. 辽宁公安司法管理干部学院学报，2008（1）：55-58.

遭受情感虐待的发生率为 19.6%；

遭受性虐待的发生率为 8.7%；

遭受忽视的发生率为 26.0%。 [1]

家庭暴力是最直接的关系创伤，但并不是唯一的形式。此外，单亲家庭、重组家庭、留守儿童，以及父母也有一定程度心理问题的家庭等，可能都会在很大程度上给孩子造成心理创伤。这对孩子的身心发展而言意味着什么呢？

我们先来了解一个心理学概念：泛化。

学生 A 在学校被学生 B 欺负了，但 A 的父母认为只要 A 遇到问题，就是他自己做得不够好，就是他又闯祸了。A 认同了这个观点，把被欺负的事情归因于自身，无从表达自己的愤怒。但不管怎么自责，他都无法改变被欺负的痛苦，于是他转而认为这一切痛苦都是因为上学，只要不上学，就不会痛苦，因此他开始表现出厌学情绪。

学生 D 被欺凌的场景发生在厕所。因为被恐吓，D 不敢反抗，也不敢透露给别人。她因此不愿意上厕所，不仅是在学校，在家、车站、电影院等任何场所也一样，她认为厕所就意味着痛苦。

---

[1] FANG X, FRY D, JI K, FINKELHOR D, CHEN J, LANNEN P, DUNNE M. The burden of child maltreatment in China: A systematic review[J].Bulletin of the World Health Organization, 2015, 93(3):176-185C.

这种与最初刺激事件类似、关联的事情（部分泛化），或与最初刺激事件不类似、无关联的事情（完全泛化），也能和最初刺激事件一样引起类似的心理和行为反应的现象，就叫作心理问题的泛化。

在原生家庭中长期经历关系创伤，最直接的影响就是让孩子对"与人相处"这件事情产生负面的体验，尤其是独生子女。对于独生子女来说，和父母的关系几乎是他们成长过程中、他们的世界观初建的过程中最重要的人际关系。这很可能会让他们把"与父母相处"的恐惧和创伤体验泛化到"组建家庭"上，甚至泛化到"与任何人的相处"上。

这也让我们更容易理解，为什么有些人会非常反感结婚和生育——如果他们曾在自己的家庭关系中经历和积累了太多痛苦的体验，这些痛苦像毛线球一样在心里越积越大，理不清也剪不断，那么最简单的方式就是把这些问题都归结于婚育，也就是归结于家庭。"不婚不育保平安"的说法相当于倡导不要组建家庭，有家庭就有理不清的痛苦。

泛化程度更严重一些的人，可能会认为只要试图与人联结，就意味着痛苦，所以"就算不得不面对孤独，也想要一个人的自由"；就算是沉迷游戏、短视频和电视剧，也不愿意在现实生活中与人接触；他们选择养猫养狗养宠物，但不愿意养孩子。因为和人相处会痛苦、会受伤。有受虐经历的个体会回避各类

社交活动，不愿向外界求助，甚至会通过消极的行为减少外界
对自己的支持。[①] 可以想象，在一次次的聚会、集体活动或者
朋友活动中，往往是经常体会到受伤的那个人更容易退缩和
回避。

如果与人相处是一件复杂又痛苦的事情，那么最好的选择
就是一个人待着——独居就成为新的潮流。

2022 年，我国独居青年人数已经突破 9200 万，在一项研
究采访中，访谈对象小 E 说道："我觉得自己一个人看电影、
一个人散步还挺爽的，还是会比较喜欢一个人待着，享受一个
人的时间……我觉得相对于孤单来说，自己住还是挺舒服、挺
自由的。"[②] 独居生活逐渐成了一种生活方式，甚至成为一种
亚文化。有接近四分之一（24.85%）的独居者是与他人合住但
与合住者零交流的"隐性"独居青年，有 48.48% 的独居青年
一个人租住了整套房子。

宁可支付高昂的房租，也要保证一个人的空间——可见独
居对他们而言有着极其重要的心理意义。他们真正想要维护的，
是一种"不被打扰"的个人边界感，是能够允许自己"做自己"

---

① 秦朗 . 儿童期虐待对中学生社交退缩的影响：领悟社会支持的中介作用 [D].
武汉：中南民族大学，2019.
② 邢海燕，邸涵 . 大城市独居青年的时空边界重塑 [J]. 青年探索，2022（06）：
62-73.

的安全基地，是一个人想做什么就做什么的自在享受——原生家庭中不断被伤害、被侵犯的个人边界让他们缺乏一种安全感去面对新的亲密关系和信任，他们在精神层面需要一个属于自己的空间，弥补曾经缺失的那部分自我安抚、自我满足与自我滋养。于是他们宁可花费巨大的成本，也要寻得这样一个象征着自我空间的避风港。

亲密关系中反复出现的依恋问题

熟悉的感受阻挡了真实的爱情

秋朵朵刚硕士毕业一年，还在谈恋爱。最近，朵朵怀孕了，她和男友不得不面对结婚的事情。但朵朵无法接受这个事实，她想去做人工流产手术。

"我们刚在一起的那几个月其实还挺好的，但后来发生了几件事，让我对他几乎没什么感情了。然而，当我想提分手的时候，我发现自己怀孕了。"

"为什么想分手呢？"

"有段时间我在单位状况特别不好，我总被领导骂、被同事'坑'。我特别希望他能安慰我。但是每次在我伤痕累累、很虚弱、想要依靠他的时候，他却给不了我任何安慰，反而会向我发脾气，做我受不了的事情。

"还记得我有一天特别忙，早上带了一包东西，晚上走的时候死活找不到放哪儿了。丢了东西那种着急的感觉，加上那天还在生理期，让我特别沮丧、慌张、无助。我就打电话给他，说'今天东西丢了，哪儿也找不到，我好着急啊'。我都快要哭出来了，其实我只是想听他安慰我两句，听他说等他到了跟我一起想办法之类的话。结果你知道他怎么说的吗？他说：'我怎么会知道你的东西放哪儿了，我在开车呢！'就好像'你东西丢了跟我有什么关系'，而且他说得仿佛是我故意在他开车的时候影响他，可是选择接电话的明明是他，他要是觉得不方便他就不要接，接了又嫌我打扰他。当时我深深地感觉自己错付了。我在绝望无助的时候想要依靠他，却被他狠狠地推开，还把我当成指责他的人。"

"那你后来有跟他沟通你当时的感受吗？"

"当时我就表达了自己很受伤，他也解释了，说他不是那个意思，他只是在陈述事实，他只是不会说话。但那也无法弥补他当时对我的伤害，那些所谓的'事实'更不是我想听的解释。然而如果我坚持要把这件事说清楚，他又觉得我在没事找事，在反复抱怨他，之后他对我的态度就很糟糕。'你一直在挑剔我，我都已经来接你了，这些你都没有看到。就因为我一句话没说对，你就不断指责我。'

"后来他竟然哭了，我都没哭，他竟然哭了。他说：'我爸他们就总是挑剔我，根本不考虑我的感受，你也总是这样。大家都不把我当回事儿！我就该死！'"

朵朵回忆说，在她小时候，她的爸爸对妈妈有经常性的言语攻击和肢体暴力，有时候也会在朵朵保护妈妈的时候连着一起打骂朵朵。在朵朵的印象里，爸爸只有在不发脾气的时候是爸爸，当爸爸发脾气失去理性的时候，就好像被魔鬼附身了一样。虽然后来爸爸的情绪好了一些，但是朵朵无法忘记曾经的那些恐惧。对于男性，朵朵很难完全信任，"他们不知道什么时候就会变成一个恶魔，然后伤害你、攻击你，所以我最受不了男生对女生凶"。

可以看出，朵朵在工作中的人际关系并不顺利，她希望亲密关系能够成为自己的精神支柱，就像电视剧里演的那样。但现实生活中，她的男朋友却很难给她太多情感上的安慰，这让朵朵很失望。再加上从小对父亲不安全的依恋关系让她在面对争执和冲突的时候，很容易陷入曾经在爸爸变成"魔鬼"时经历的那种极度失望、愤怒、受伤的感觉。这严重影响到她对男友的感情——"宁可打掉孩子"，也不愿继续和男友的关系。

而朵朵的男友其实也深受原生家庭的影响。据朵朵描述，他的父母都是科研方面的专家，成就很高，但他自己却没有考上博士，工作也很普通，在单位做设备维护工作。平时他的父母会看似无意地调侃"你要去某某单位是吧，让爸帮你找人"，但其实并不会真正帮他，只是表明自己有这样的能力而已，转头却又会谈论"谁家孩子特别优秀，进了'百人计划'"，"哪个朋友升了院长，还年纪轻轻"。他感觉自己在家里就好像一个失败者，因为失败，所以被调侃、被忽视，被迫服从。

　　在非常压抑的同时，他也走不出一种令人窒息的自卑感，只能用传统文化中男性惯用的"保持理性"的方式来隔绝自身的情绪和感受。这也就是为什么他虽然在乎朵朵，愿意去接她下班，但无法在朵朵有情感需求的时候给予及时的安抚。他连自己的感受都体会不到，更别说体会别人的感受了，除了披上理性分析的外套，他也不知道该怎么做。而朵朵的失望和埋怨又唤起了他被挑剔的自卑体验，他曾经对父母的情绪也在此刻指向了朵朵。

　　我们常说的"房间里的大象"，其实也包括原生家庭中被视而不见却总在重复上演的问题，这类问题对于婚姻来说是严重的隐患，对于孩子来说是可望不可得的那部分缺失的安全感和自信心。于朵朵而言，这头大象就是不确定父亲是否会一直爱自己，她不知道原本亲近的父亲在什么时候出于什么原因会突然攻击和伤害自己，所以就算是在亲密关系中，她也无法放心地去信任别人。于朵朵男友而言，他心中的这头大象就是父母都没有说出口但又似乎无时无刻不存在的一种失望和嫌弃，因为自己不够优秀、不够争气，所以没有被当回事的低自我价值感。

　　他们和对方相处时，都背负着自己曾经在原生家庭中留下的伤痛，就好像两个号啕大哭的小孩子，都自顾不暇，期待对方能够给予自己曾经无比希望得到的安抚和肯定，但彼此得到的都是失望，因为对方也在哭。

然而爱情并不是单方面的自我满足，而是需要不断完善自我、理解他人，相互搀扶的一场修行。

其实他们两人有很多相似之处，都喜欢摄影和科幻小说，喜欢自己做美食，喜欢小动物，在思想和价值观方面也很一致。但在关系中，他们都因为成长过程中与重要他人的关系充满了不安全感，而影响到伴侣之间的相处，对某类问题的过分紧张和敏感让他们难以体会到亲密关系中的幸福和美好，更难以面对结婚、共同养育孩子的未来。

在关系中重复相似的痛苦

美国著名家庭治疗师维琴尼亚·萨提亚（Virginia Satir）曾对亲密关系做出非常形象的比喻：家庭生活就像一座冰山，大部分人只意识到正在发生的事情的十分之一——就是他们能够看到和听到的那十分之一；但是就像海员的命运依赖于他们知道冰山的大部分在水下一样，一个家庭的命运依赖于理解日常生活事件下隐藏的感受和需要。

如果朵朵能够理解男友自卑的内心害怕被挑剔和责怪，尝试在言语中多一些鼓励性的表达，多肯定男友的付出，男友的感受可能就会好很多。如果男友能够理解朵朵受伤又无助的感受，尝试给她多一些温柔和支持，或许朵朵也能感觉到更多温暖。

但是想要理解冰山在水下的部分谈何容易，长久以来，在原生家庭中存在的那头大象时刻都在躁动不安，闹出各种动静，等待被人们看见，可人们又习惯了视而不见，于是不知不觉中总在被大象牵着鼻子走。

体现在人际关系尤其是亲密关系中，被大象牵着走的人就可能会不断重复小时候形成的某种关系模式，反复体验类似的困境而难以得到真正的满足，这也是心理学中常说的一种现象——强迫性重复。如此一来，他们对亲密关系的期待，他们的"恋爱脚本"，也不可避免地会被写入那些儿时未能被满足的需求。[1]

根据弗洛伊德的"父母偶像"理论，人们找的恋爱对象，往往有其父母的影子，因为他们是我们在生命之初，在我们的心理发展关键阶段所接触的最重要的人，也是我们最早接触到的具有性别特征的人，甚至他们理解和面对世界的方式也会成为我们的一部分。这个关系往往会影响我们一生。

孩子都是依恋父母的，那是他们在生命初期求得生存的一

---

[1]　沈奕斐. 什么样的爱值得勇敢一次 [M]. 南京：江苏凤凰文艺出版社，2022.

种重要方式。而和父母的依恋关系，往往奠定了孩子在人生中感受幸福的基础。孩子长大后找到的恋爱对象身上很可能有着自己重要养育者的影子，因为那种关系给他们熟悉的感觉。换言之，与重要养育者之间的依恋关系往往会影响孩子在亲密关系中的状态。

具体而言，安全型依恋的孩子能够对他人建立起恰当的信任，相信自己本身值得被爱，拥有更稳定的自信心，在面对困境时也能够更灵活地应对。而不安全型依恋的孩子最大的困境就是不相信自己是有价值的，无法确定自己是值得被爱的。他们可能会用放大或者夸张的方式去表达痛苦，并且过分在意是否与父母依然保持亲密关系（矛盾型依恋）。"哄不好，甩不开"是他们的特点，他们时刻处在对关系的不安全感中，需要不断通过向别人寻求回应来确认关系和爱的存在，难以独立探索和学习外部信息。他们也可能学会了跟"自己想要与依恋对象联结的冲动"保持距离（回避型依恋），表现为对别人的情绪情感信号相对冷漠，视而不见，但这样也会抑制他们对自身情感、欲望的体会和表达，阻碍他们在深层感受、亲密及信任方面的能力发展。这些依恋模式很可能会持续到成年，甚至影响人的一生。

比如说，从小经历情感虐待或者暴力控制的孩子，长大之后很可能也会在亲密关系中反复经历施受虐的关系模式。

电影《被嫌弃的松子的一生》中，主人公松子从小面对对自己极其冷漠、忽视的父亲，最渴望的就是获得父亲的爱，但一直没有得到。只有当她学小丑做鬼脸时，父亲才会露出笑容，而她就会自欺欺人地把那个笑容当作父亲爱自己的证明。在成年以后，她也总在感受到被抛弃、被伤害的时候对别人做出小丑鬼脸，以为那样可以讨好对方，重新获得对方的爱。她喜欢上的男性有失意的作家、欺骗感情的'渣男'、街头混混、因为说谎而害她失去工作的学生。这些人共同的特点就是对她的忽视与无情，像儿时她的父亲一样冷漠、自私、不顾及她的感受，甚至是对她的伤害。然而她仿佛卡住的磁带，一次次被这样的男性吸引，为同一类男性付出所有，又一次次遍体鳞伤。

她内心一直渴望能从父亲（或者父亲一样的男性）那里得到爱（回应），好像只有那样，才能确定自己值得被爱，才能真正被满足。但遗憾的是，她的父亲保持冷漠，无法与她建立真正良好的关系，更无法给她想要的回应，于是她一直在同一个地方不断尝试，甚至耗费一生的时间，无数次地撞向同一面南墙。正所谓"幸福的人一生被童年治愈，不幸的人用一生治愈童年"，松子努力了一生也没能得到治愈。

谁的感情完全不含有执念的成分呢？如果这种强迫性重复能够让我们遇见少一些伤害、多一些温暖的人，那会是多么治愈的一件事。

　　然而，研究人员基于对依恋类型的测试结果发现：在成人中，约 29% 把自己描述为回避型（包括恐惧型和疏离型），约 16% 把自己描述为焦虑－矛盾型（痴迷型），剩下 55% 的人认为自己是安全型 ①。那么从概率上看，一个家庭中至少有一方是不安全依恋者的概率应该不低。既然不少家庭中存在不安全依恋型的父母，那么他们很有可能把类似的心理创伤传递给孩子。这些孩子逐渐长大，他们可能会反复经历关系创伤，强迫性进入让自己不舒服、不愉快的关系当中，总是陷入类似的痛苦。在一次次失望之后，他们可能不再对感情和亲密关系抱有期待。

　　原生家庭不可避免地影响了年轻一代对生育问题的态度。缺乏边界感的家庭教育会侵蚀孩子的内在价值感，剥夺其对生活的期待，使他们难以在日常生活中感受到快乐和意义。而来自家庭的关系创伤会给孩子造成强烈的心理阴影，使其对人际相处普遍产生畏惧，更加回避卷入程度较深的亲密关系。另外，与父母的依恋关系模式很可能会在孩子成年以后的亲密关系或者其他关系中重演，如果儿时与父母之间的依恋关系中有很多不安全或创伤的感受，那么孩子在成年后就很难与他人建立良好、稳定的亲密关系。

---

① HAZAN C, SHAVER P. Romantic love conceptualized as an attachment process[J]. Journal of Personality and Social Psychology, 1987, 52(3):511-524.

第二章　迷失的内在小孩

每个人的内心深处都有一个小孩，它形成于我们年幼时期，和我们成长过程中对重要养育者的依恋及与其的互动有着密切的关系，它影响着我们长久以来对他人、对世界、对自己的认识。

　　然而并不是每个人都拥有完整和幸福的童年，与养育者之间的依恋关系对一个人内在小孩的影响是长久而深远的。

　　有些孩子得到的爱是有条件的，这让他们深信如果没有达到某种条件，自己就不值得被爱；有些孩子从小就被迫承受着重要养育者的愤怒与怨恨，养育者将自己人生中难以面对和无力解决的痛苦归因于孩子，让孩子深信自己的存在背负着沉重的罪恶，深深怀疑自己存在的意义；还有的孩子在成长过程中遭受严重的情感忽视和虐待，甚至没有稳定的养育者，没有可以依恋的对象，这些孩子的内心可能会情感缺失、麻木淡漠，被各种无法辨明原因的想法和冲动所左右，难以为自身的行为负责，更难以对关系建立起恰当的信任……

　　这些人的内在小孩在成长中饱受创伤，就算能应付成人社会的种种，内心却很可能依然在淹没性的感受中浮沉、挣扎，他们又如何能面对生养孩子的人生，给孩子稳定的爱和关怀？

被定义的内在小孩

工具化的自我价值感

电视剧《爱情而已》中男主角宋三川的妈妈是一名羽毛球运动员，成绩非常优秀，但因为有了孩子，被迫放弃了运动生涯，孩子的生父也没有和她在一起。为了躲避世俗的眼光，她和并不喜欢的人结了婚。最终，这位母亲将对感情和事业的不甘与遗憾都转移到对宋三川的要求上——"你一定要拿到羽毛球冠军奖杯"。

于是，从可以拿得动球拍开始，宋三川就一直在向这个目标拼命努力着。他知道，这是妈妈的一个执念，他也曾对妈妈说过："就算拿到奖杯，也是我宋三川的，不会写你童鹿的名字。"但就算这样，他也一直努力到 22 岁，才终于离开职业羽毛球运动员的道路，去做了儿童教练。为什么明知道是妈妈的愿望，他却还心甘情愿地拼尽全力想要实现呢？因为他需要妈妈的爱，而获得爱的方式就是满足妈妈的期待。但正是在这样的想法中，宋三川逐渐形成了一种处处为他人考虑的性格，好像"只有对别人是有用的，自己才值得被喜欢"。包括在后来和梁友安的亲密关系中，他也屡次为了满足对方的想法而做出重大的人生选择，为了帮助对方实现奋斗目标而透支运动生涯，担心失败就会失去自己对对方的价值，从而引发了严重的焦虑失眠。

生活中也有许多像宋三川一样的孩子，他们经常被家长夸奖"乖巧、听话"，实际上却承受着莫大的压力。"乖"和"听话"是他们获取父母的关注和爱的重要方式，他们在无形中承担起了帮助父母排忧解难、化解遗憾、消除不满的重要任务。只要他们想维持和父母的关系，就需要不断想父母所想、忧父母所忧。他们的自我价值感也就逐渐被"对别人的用处"所取代，在人际关系中，他们也会过分担忧自己是否对别人有用，仿佛自己就是一个满足别人的工具。

其实在育儿初期，让孩子有规矩意识、有限制和边界感的教育模式也不无道理，但凡事都讲求个"度"。当孩子有了自我意识，渴望发展和成长，自然就会出现很多"意料之外"的"麻烦"情况。如何合理应对这些"麻烦"，如何在化解危机的同时，让孩子既学到教训，又积累信心，也是父母们需要应对的挑战。

但如果父母过于缺乏安全感，担心任何"意料之外"都会出"大问题"，都会"后果严重，无法应对"，他们可能就会在需要给予孩子发展空间和适当放手的阶段，依然采取过于严格的控制，规避一切不确定性和潜在的风险。他们可能会要求孩子事事绝对服从，不允许孩子做任何父母要求之外的事，甚至用爱来威胁孩子，比如"再不听话就不要你了"，或者当孩子犯错之后，明显用一种疏远、不理会的方式进行惩罚。然而，这就等同于把孩子带入父母的不安全感中，父母的担忧逐渐成为孩子内在的一部分。比如父母担心孩子成绩不好考不上好大学、找不到好工作，并且对于成绩不好、找不到好工作的人表现出鄙视和厌恶，哪怕他们对孩子说的是"考得好不好你都是我们的孩子，别太紧张了"，但他们的好恶已经暴露无遗。孩子为了不成为父母所鄙夷的人，为了保住父母对自己的信任，会拼命学习。毫无疑问，这样就把孩子对学习和生活的动力替换成了"保住父母的爱"，而对于内在自我尚不稳定的孩子而言，这个过程恰恰塑造了他们的性格。换言之，孩子在"帮父母排解忧愁"的过程中，被无形地控制着；**过于依赖和讨好则可能是长期经历这种被侵占和控制的结果。**

这样的孩子会逐渐形成"只有满足别人、照顾好别人，自己才有价值"的人生观。他们会习惯性地压抑自身的需求，甚至根本没想过自己想要什么样的人生、自己想做什么，一切都是以别人开心为准，而他们内心被压抑的部分却难以言说。同时，这也给他们笼罩上了一层无形但强有力的恐惧感——万一我没有做到足够好，可能就会失去关系、失去爱。

如果内心始终有一个被工具化的小孩，那么婚姻和养育孩子对他们而言，确实是一件令人恐惧的事情——掏空自己，满足别人，是他们维持关系的方式，却没有人会满足自己；而别人的一个不满可能就是对自己的全盘否定，甚至惹一个不愉快，就可能会失去对方的爱与信任。或许他们对这种包含着威胁的关系本身也感到愤怒和失望，而这种愤怒和失望很可能会被转移到亲密关系中，使他们认为感情就是如此让人心累，婚姻就是信不过的事情。被工具化的内在小孩就是这样影响了他们的婚恋观，也让他们更难以面对生育问题。

被压抑的内在需求

"听话、懂事"的孩子往往听的是别人的话，懂的是别人希望他懂的事，而他所做出的反应也因此会带有他人的片面理解和经验主义，这样就很容易让某种"片面"限制住了"听话、懂事"的孩子的人生。这种"片面"也有一定的共性，那就是世俗文化对各种身份提出的"应该"和"必须"。

黄静静是我的一个大学室友。她一眼看上去就是那种很乖巧文静的女生，说话声音也小，大家在一起的时候，她总是很沉默。要不是她开始自学街舞，我们都不知道她竟还有如此热情四射的一面。后来，她通过了学校街舞队的考核，加入街舞队参加表演。我曾经观看过几次他们的演出，她本来身材就好，加上那股热情，一点儿不输街舞队的资深队员，演出中聚光灯经常在她的身上停留。当时我们班的许多男生因为她文静的外表配上热情四射的舞蹈这种反差，对她十分着迷。但她最终却因为自己喜欢的学长留下了一句"跳这种舞蹈太不矜持了"而放弃跳舞，那股炫目的热情好像也随之烟消云散了。

　　事实上，因为别人的一句评价而放弃自己喜欢的事情对她而言已经不是第一次了。小时候她看到喜欢的玩具，都会听到父母说一句"静静懂事，家里穷，买不起这个"，于是她就很"懂事"地从玩具前走开了。弟弟出生之后，父母长辈把更多的爱给了弟弟。学校举办活动，需要穿一双白色的鞋，而她的鞋不巧破了，奶奶却对她说"静静懂事，你就穿妈妈的鞋，大点就大点，就用一次"，但隔天就拉着她一起去给有好几双鞋的弟弟买新鞋。为了得到父母的认可，她刻苦学习，成绩一直名列前茅，大学也总拿奖学金。她以为更懂事一些，父母就会更喜欢她一些、更在乎她一些。

　　毕业之后不久，想从事自由职业的她，却得不到父母的支持，"现在竞争激烈，自由职业朝不保夕，女孩子家就应该找份稳定些的工作，你就让我们省点心吧"。于是她选择了考公务员，去体制内谋职，却在工作中遇到很多不顺心。她也尝试向父母吐露心声，但得到的回应却是"都是这样的，你要调整好自己的心态，不能因为这些事影响工作……"

虽然黄静静成绩一直都很不错，上了名校，工作也让父母省心，在别人看来，她的人生非常顺利，但她一点儿也不快乐。在被"催娃"的阶段，她实在忍不了了。在一次与我的聊天中，她说想要离家出走，辞掉工作，离开丈夫，离开父母，去一个陌生的城市，重新开始生活——她厌倦了这一切。

黄静静让我不禁想起一类活跃在媒体平台的女性博主，她们大多已不年轻，选择抛下家庭，开始独自旅行，或是选择单身独居。或许她们都和黄静静有着类似的感受。

黄静静努力做到学长眼中的矜持、端庄，做到别人眼中的成绩优秀，做到符合父母期待的懂事、省心，可她内心真正想要的只是被看到而已。但那些"别人"的评价中，各种"应该"和"必须"淹没了她对自己存在本身的在意。她一直在拼命地证明自己，想要让父母、让其他自己在意的人，看到自己值得被喜欢的地方。而这种模式就是问题所在。正如一位资深心理督导师在团体督导中所说的：**"对假性自体的强化，反而是对真实自体的攻击。"**无论她怎样用外界标准来证明自己，越来越被关注的都是那些外在条件和达到的标准，愈加被忽略的却是她自身，她内心真实的感受就更会被认为是不重要的。

时间久了，就连她自己也不记得想要的是什么，只是在符合一个又一个标准的路上，在不断被别人忽视的成长过程中，逐渐迷失了自己。

这种不断被压抑的内在需求可能导致负面情绪不断堆积，在一些被忽视或压抑了的小事上爆发。在他人看来，他们太敏感、太脆弱，但其实他们想要的很简单，就是那种有人无条件地理解他们、支持他们、维护他们，坚定地站在他们身旁的被看见、被在意的感觉。

但失望和压抑才是他们熟悉的结果，就好像黄静静，连"厌倦"这一句轻描淡写的情绪也没能说得出口。她习惯了压抑自己那些不好的感受，因为那些也不会让别人开心。但有一点被她忽略了，这些被打掉并咽进肚子里的牙齿，正在侵蚀着她对生活的热情。

来我这里咨询的不乏这种乖巧懂事的女孩，她们往往会表现出"微笑型抑郁"的症状：虽然看起来生活都挺好，但她们丝毫感觉不到乐趣所在；和丈夫、公婆在一起生活，却难以感觉到彼此的感情和依赖；和其他人的关系都还不错，但难以体会到真实的情感联结，好像一切就是为了走个形式；父母对自己很满意，却好像也很疏远，一切可能会让父母不愉快的事情都无法向他们开口，因为就算开口了也没有办法被看到、被理解、被支持。

从自体心理学角度来看，支撑起她们这种符合他人要求和期待的"懂事"人生的，是一种"假性自体"。她们对自身的情绪情感缺乏真正的体悟和觉察，在不断符合他人要求的"懂事""应该"等这些定义的过程中，也在把真实的自我隐藏起来，甚至埋葬了；反之，用一个假的，却能让别人满意的样子，做出了人生中一个又一个重要的选择。

她们的父母或许并非不爱她们，却会用一种"应该"有的样子去要求她们——比如女孩应该被动、服从、乖巧、听话。

是的，父母给予的是一种有条件的爱，"符合条件了，我们才爱你"。这些条件却成了孩子自我价值感的来源。而这些条件也总在忽略孩子的真实需要，这种忽略逐渐影响甚至促成了孩子的行为模式。

于是孩子用各种各样外界的定义和标准去评判自己，也会为了实现某种定义和标准而疲于奔命，却总是无法真正驱走心中的空虚感和无价值感。因为那些外界的定义和标准总在变化，不变的，是她们内心对自己真实感受的压抑和视而不见。

不被接纳的内在小孩

糟糕的自我认同

15 岁的小霖是被班主任送来咨询室的，他平时在课堂上经常做一些出格的事情来引起别人的注意，比如上课的时候吹口哨，用东西敲打自己，或者就一个问题和老师争论不休。不过这次，他是因为自慰成瘾的情况来到咨询室的，甚至有同学看到他在上课的时候自慰。最近小霖还开始出现了记忆力减退、身上起疹子的状况。他的老师非常重视这件事，请他的家长来一起商量和解决，但谁知他爸爸表面上答应，回去就把他丢在爷爷家不管了。

在咨询过程中，我尝试对小霖做更深入的了解，于是询问他："你觉得最亲近的家人是谁？"

"是妈妈吧，但妈妈不要我了。在我小学时他们分开之后，我就很少见到妈妈了，我也没有手机。"

"你怎么看待妈妈离开这件事情？"

"可能她不喜欢我了吧，我太不听话了。"

"后来你跟爸爸一起生活是吗？"

"嗯，但是爸爸特别忙，没时间管我，就把我放在爷爷这里。"

"爷爷呢？"

"爷爷很讨厌。他耳朵背，听不到我说话，还总骂我。"

小霖说同学们会讨厌自己，甚至会欺负自己。他还经历过很严重的校园霸凌，这个阴影一直留在小霖心中。

当我问及小霖什么时候开始有自慰的状况时，小霖说："在宿舍，同学看小视频，拉着我也一起看，我看了之后觉得特别刺激，在那之后开始自慰的，后来越来越控制不住次数和场合。"说着说着，他的眼神变得异常兴奋，双手还不断在自己大腿内侧揉搓着。我赶紧问他为什么会有这样的行为，是想到什么了吗，他不好意思地把手又放回沙发扶手上，说"没有没有"。

后来在学校里，小霖看到我时甚至会直接撩起衣服给我看他身上起的疹子。我可以感觉到他是希望从我这儿获得更多帮助，但这也让我感觉非常不适。和他的班主任沟通之后我才知道，原来他之前也是这样对班主任的，一有时间就缠着班主任，喋喋不休地说些无足轻重的事情，影响到班主任的工作不说，甚至会有这种撩衣服的举动。

他内心深处觉得自己不听话、讨人嫌，才被依赖的人所抛弃，这种想法也在他的生活中体现了出来——他活成了一个人人都嫌弃的样子。同情他的同学因为他的自慰行为而嫌弃他，对他表示关心的班主任因他没有分寸的打扰而感到烦恼，甚至相对能够理解他的心理咨询老师也会因为他缺乏边界感的举动而和他保持距离。

自慰成瘾是诸多成瘾行为中的一种。成瘾行为在心理层面往往是对现实生活中痛苦感受的一种逃避。对于小霖而言，在所有的关系中别人都讨厌自己，这是非常痛苦的事情。当他接触到自慰的快感之后，就沉迷于此，虽然短暂，但能让他忘记那些关系中的痛苦感受。而从另一个角度看，他对于自慰这件事的失控，也成了他被人嫌弃的原因。

这种情况在心理学中有一个专有名词能够准确表述——投射性认同，是指诱导他人以一种限定的方式来做出反应的行为模式。其发生通常有三个步骤：首先把自己内心的一部分以幻想的方式投射到另一个人身上；然后想方设法让对方表现出与自己幻想一致的行为反应；最终让表现出符合自己预期反应的对方印证或认同自己最初对他人所持有的幻想。而这个幻想很可能与内在小孩对于儿时重要关系的感受相一致。

比如，小霖内心深处的小孩一直认为自己很糟糕，总是惹人嫌，所以才被妈妈抛弃了。这种感受十分强烈，一直在他内心影响着他对各种关系的理解——那么他在与老师相处的时候就会认为老师也嫌弃自己，然后表现出各种不恰当的依赖、不合时宜的打扰、没有边界感的举动。如果老师最终表现出对他的躲避和嫌弃，并且像抛弃他的妈妈那样感觉到内疚和不忍，那么这个投射性认同就实现了，他也在幻想层面找到了"嫌弃自己的妈妈"。当然，如果这种幻想过于影响现实生活，或者过于不切实际，则很有可能会向着心理疾病的方向发展。

投射性认同是一种相对原始的心理防御方式，用来防御自己内心体会到的某些痛苦感受。对于不被父母接纳的内在小孩而言，从小面对的否定和攻击往往会让他们难以承受，难以建立起对自己的爱和信心，甚至深深相信自己是糟糕的。而这种难以承受的痛苦感受，要么会被转移到他人身上，要么就会变成对自我存在的深深怀疑，当然，很可能两者兼有。

比如，从小被单亲妈妈抚养长大的赵女士，经常被妈妈嫌弃——"如果不是你，我根本不用过这样的苦日子""都是你，毁了我的人生"。赵女士在内心深处觉得自己就是一个累赘，一个给别人添麻烦的孩子。

在咨询室里，她带着厌恶的神情，无情地攻击咨询师："你就像一个孩子一样，反倒要我来照顾你的需求。我不想继续咨询了。"

"听起来你对我很失望，可以具体说说吗？"

"上次你们这儿的饮水机都已经没水了，也没有换，你还跟我说可以自己去打水。我只能忍着不喝，这不是对你粗心的照顾吗？"

"你可以提醒我啊，我可以叫水，或者找新的换上，都没有问题。"

"我最讨厌麻烦别人了，你作为咨询师为什么都不记得这一点。而且就算我提醒你了，那也是在做你应该做的事情，我勉强自己因为这种事和人开口，也是在为你的不专业买单。"

那种认为自己很糟糕、招人反感的自我认同感，让她陷入了一种两难的困境——如果她开口向咨询师求助，她就会觉得自己是给人添麻烦的招人讨厌之人；但如果没有开口，她就会把这些情绪指向咨询师，认为是咨询师麻烦了她。无论怎么选，她都能不可避免地体会到一种对麻烦别人的"小孩"的嫌弃。

咨询师还没回应，赵女士就接着补充道："我觉得我们可能不合适，如果我遇到的是一个像我一样考虑周全的咨询师，我可能就不会这么不舒服。"

"可以具体说说你是怎么感觉不舒服的吗？"

"我需要照顾你呀！你不管事儿就得我管事儿啊，这让我很累。我平时就已经够累的了，在这儿也不能放松下来。"

"当我考虑不周全或者有所疏忽的时候，你会觉得非常不安，就会不自觉地紧张和担忧起来，是吗？你平时也经常处在这样的状态中吗？"

"我之前跟你说过，生活中能让我放松依靠的人很少。而且我也不喜欢依靠别人，总给别人添麻烦、管不好自己的人才会那样。"

咨询进行了将近一年的时间，赵女士已经可以比较直接地在咨询中表达自己的情绪。如果我们把这句话理解为她表达不满的方式，那么就可以更直接地发现她心里深深认同的那个被大人嫌弃的自己——无忧无虑、依赖别人的自己就是应该被讨厌、被嫌弃，只有能赚钱，能照顾周全，能管好自己、不添麻烦的"刻意表现"，才是可以不被讨厌的样子。于是在生活的方方面面、时时刻刻，她都要求自己做好"应该做"的事情，不要给别人添麻烦，甚至难以放松地信任和依赖任何人。

如果我们打心眼里嫌弃自己，认为自己非常糟糕，觉得依靠别人就是给别人添麻烦，就会遭到嫌弃，又怎么会允许自己与他人建立需要更多信任、包容和理解的亲密关系呢？如果我们时刻否定自己的内心，又怎么会有足够的空间允许孩子自由成长，允许孩子依靠自己、需要自己、离开自己呢？

怀疑自身存在的意义

很多观众不理解，为什么15岁的宋三川在母亲无故离开自己时并没有表现出任何症状，甚至打球还更积极了，但在三年后，当他看过母亲留下的那封因为病重住院才离开的信之后，就出现了在特定比分时浑身紧张、注意力涣散、自我怀疑的心理症状，无法再正常打球？

因为那封信让他觉得母亲生病是因为自己，自己的存在是母亲最大的累赘，是害母亲一直以来不开心的罪魁祸首。所以，18∶18 这个比分也不只意味着"母亲因为对自己打球水平失望而离开"，其意义变成了"自己的存在一直让母亲不开心，甚至让母亲患病离去"。如果说前者还能让他有一个不那么确定的希望——拼命训练提高球技，或许就能让妈妈回来、让妈妈开心；那么后者就着实让宋三川开始怀疑自己存在的意义。

他的母亲一直无法接受自己因为怀孕生子而被迫放弃了羽毛球职业生涯的遗憾，这种放不下的遗憾深深影响着孩子，也影响着她自己的身心健康。

如果父母难以接纳自己内心的小孩，就很可能会把这种不接纳和厌恶转移到孩子身上。这种情况在亲子关系中相当常见，比如各种咨询和督导中屡见不鲜的重男轻女现象。

在生产力相对落后的封建社会，生产方式主要还是以农耕和畜牧业为主，家里的男性劳动力与经济水平呈正相关关系，加上封建制度的种种限制，男尊女卑的观念深入人心。直至新中国成立之后，生产力伴随着四个现代化建设大幅提升，城镇化水平迅速提高，性别平权问题才逐渐被越来越多的人所关注和探讨，生育观念中严重的性别倾向才逐渐有所转变。

从个体的角度来看，当前适龄婚育青年的祖父母辈通常是新中国成立之前出生的，抱有重男轻女的思想并不奇怪；尤其在广大农村地区，或者城镇化时间不长的地区，其父母辈依然抱有重男轻女思想也很常见。

但对于注重个人价值、追求存在意义的现代青年而言，从小对孩子存在的否定和嫌弃无疑会重创其内在的自我价值感，对其自信心和自我认同感造成长久而恶劣的影响。生活在这样的家庭中的女孩，看似有父母照顾，内心却在经历着被轻视、被贬低、被忽视的绝望。

身为重男轻女家庭中的老二，菲菲的出生仿佛就是一个错误。第一胎是女孩也就算了，第二胎还是女孩让父母都很失望，第三胎终于要到了男孩。姐姐懂事听话，弟弟备受宠爱，而作为老二的菲菲却几乎没有被父母正眼瞧过。她拼命学习，想要证明自己比别人更优秀，学习成绩成为她自我价值感的唯一来源，但当进入新的学校排名下滑之后，她仿佛失去了所有价值，没多久就出现了严重的抑郁和强迫症状。她经常喃喃自语的一句话就是："我觉得自己活着没有必要，如果我不存在，父母可能会更开心一些。"

有两个哥哥的女孩小玲从小备受宠爱，父母期待她长大后能和另一户人家联姻，但在小玲上中学时，对方破产了，父母对于联姻的希望落空，对小玲的宠爱断崖式地消失。中学时期，曾经宠爱小玲的哥哥甚至会对她拳脚相向。小玲上大学之后，家人就没有再给过她任何支持和问候，现在的她几乎断绝了和家里的联系，怀着难以再信任任何人的心情独自生活。她拼命工作，让自己更优秀，不断用对完美的追求来防御自己缺乏存在价值的痛苦感受。

菲菲、小玲以及之前提到的"被嫌弃的松子"，她们所经历的关系充满着父母明确的冷漠、攻击和伤害，她们内心那个被抛弃的孩子被困于心灵的孤岛，无比渴望得到父母的爱和关注，她们内心对自己的爱被这样的冷漠和攻击伤害到了，而与此同时，这也在她们心中种下了顽固的不信任和防御。在人际关系中，她们可能会讨好他人、过度热情，或通过种种方式保持与他人的距离。

被轻视和否定的痛苦在不断攻击着她们自身存在的意义，她们被卡在渴望得到爱的孩子的状态中，无助地哭喊，徒劳地努力，而她们对自身存在的怀疑，则难以承载更加牢固、稳定的人际关系。

感情、孩子，对于她们来说或许都不重要，因为她们自己都仿佛没有存在的必要，可能根本不觉得活着是值得的，那又何必去"祸害"一个新的生命呢？

父母嫌弃孩子的理由可能有很多，比如宋三川的妈妈因为有了孩子放弃了职业生涯，和不喜欢的男人结婚，于是视孩子为不幸的开端；婚姻破裂的父母可能会以"为孩子好"为理由继续维系摇摇欲坠的家庭，却又在痛苦中把一切都怪罪于孩子；或者孩子的降生不如父母所愿；等等。

可以发现，这种嫌弃孩子的理由其实有一个共同点——**它们基本上都基于父母解决不了又无能为力的人生问题，这些父母不愿看到、不愿面对的结果，却难以避免地出现在了自己的人生中。**

如果父母能够直面和处理这种不愿面对的结果给自己带来的遗憾和痛苦，重整旗鼓，找到对生活的期待和乐趣，那么他们也能够有更多的能量和空间给孩子该有的尊重、关心和爱。但如果父母也嫌弃自己或身边人的无能，一直无法面对自己生活上的变化，难以接受和消化让自己觉得糟糕不堪的结果，那么这种糟糕的感觉就很可能会被投射给孩子——可能是对自己的嫌弃，也可能是他们不愿面对的事情给他们带来的各种负面情绪。

但对于孩子而言，如果从小就承接了这份不属于自己的怨恨和嫌弃，那么他们的内在自我很有可能会受到影响，在日后的人际关系中，他们可能会非常缺乏信任感，难以靠近他人，也可能会为了得到期待中的满意和接纳而不断重复某种痛苦的关系模式。

这就像一个恶性循环，越是难以应对自身问题，难以接纳自己的人，越容易把这种感觉投射给孩子；而越是在这样的环境中长大的孩子，就越容易嫌弃自己，嫌弃自己生活中的他人，这种痛苦和伤害就可能不断地传递下去。

从优生优育的角度考虑，如果想要培养出身心都更加健康的孩子，那么除了物质上能做的努力之外，作为父母，在心理层面的自我觉察和自我反思也至关重要。

情感匮乏的内在小孩

情感淡漠与麻木

在学校工作期间，我遇到过最令人绝望的情况并不是那些痛哭流涕或通过自伤自残表达痛苦、寻求帮助的孩子，而是那些根本说不出自己的任何感受，内心如一片沙漠般荒芜的孩子。

小刚在女厕所偷拍，好在还没拍到什么就被老师抓住，在被给予了相应的惩戒和说教之后，他被送来心理咨询室。辅导员老师说小刚是孤儿，后来被寄养在姑姑家，姑姑给的零花钱不多，有时候小刚也会向辅导员借钱过活。

当我问及小刚"为什么这么做"的时候，他回答说"网上有人让我拍，说给我钱"。

"你知道这是侵犯女生隐私的行为吗？"

"知道吧。"

"那你为什么还这么做呢？"

"不知道，想要钱吧。"

"但这样会伤害到别人啊。"

"哦。"

"你平时跟谁关系最亲？"

"没有。"

"你最在乎的人是谁呢？"

"嗯……不知道。"

"来这所学校是你自己选择的还是……"

"姑姑他们让我上的。"

"你喜欢现在的专业吗？"

"一般吧。"

"能学得懂吗？"

"学不懂。"

"那你平时有什么感兴趣的事情吗？"

"没什么。"

"那你平时课后都做点什么？"

"有时候刷视频，有时候打游戏，或者睡觉。"

"你有想过毕业以后做什么吗？"

"没有想过。"

……

经了解，小刚经常会被其他同学欺负、侮辱、戏弄，但小刚也并不在乎，甚至还会觉得别人是在跟他闹着玩。小刚这样什么都无所谓的状态让我束手无策。很难想象他毕业走上社会之后会如何生存，如何面对亲密关系或后代养育等人生议题。而像小刚这样的孩子有很多，他们不一定是孤儿或被寄养在别人家，但往往都在家中遭到了严重的**情感忽视**。

情感忽视是指情感需求没有得到满足。在物质生活越来越富足的现代社会，年轻一代大多并不缺乏衣食住行等物质条件的保障，但在情感上缺乏关注、缺乏理解、缺乏回应的情况却相当普遍。

相关领域的多项调查研究都呈现出近乎一致的问题：学龄流动儿童在家庭教育中的情感忽视问题普遍存在。父母工作时间通常超过每天 10 小时，每周和孩子的交流次数不超过 3 次，时长也较短；相处时间里，通常都是各干各的事情，就算有沟通，内容也相对单一，父母的关注点集中在孩子的学习上；父母主要关心孩子在物质层面是否吃饱穿暖，但对于孩子情绪情感方面的需求却很少留意；孩子需要鼓励时，父母给予的往往是物质层面的奖励，有时甚至物质层面的奖励也难以兑现；孩子情绪沮丧或需要安慰时，父母难以觉察，导致亲子关系越来越淡漠……①

家庭的情感忽视问题对孩子造成的影响是非常深远的，可

① 赵婷婷. 社会工作介入学龄流动儿童情感忽视问题的研究 [D]. 南京：南京大学，2016.

能引发孩子一系列的心理问题或人格障碍（6—16岁儿童青少年精神疾病的患病率为17.5%[1]），抑制孩子智力水平的发展（孩子的智力活动需要求学的热情、探索知识的恒心、不怕困难的毅力等特质的支撑），甚至引发严重的道德品行问题乃至犯罪。[2][3]

这种家庭教育模式导致的最直接结果，就是很大一部分年轻人对生活感到无聊，在人际关系中缺乏与他人之间的相互理解和情感共鸣——不期待别人，也不回应别人；不理解别人，也不理解自己。

著名演员尊龙从小被亲生母亲抛弃，被养母抚养长大。在成为大明星之后，有人问他对他来说最重要的事是什么，他说，不是自己拍的电影，也不是他拥有的财富，而是还可以为那位收养自己的女士流泪。

最重要的是还有可以依恋的人，是拥有值得信任的关系——不仅对于尊龙而言是这样，对于任何一个孩子而言，生命早期与重要他人之间的关系都有着极其重要的意义。

著名儿童心理学家让·皮亚杰（Jean Piaget）和依恋关系

① 数据引自《2023年度中国精神心理健康》蓝皮书。

② 覃军.基于文献计量学和社会网络分析的留守儿童问题行为研究现状［J］.职业与健康,2023,39(23):3299-3303,3307.

③ 陈琳.农村留守儿童学习生活状况对心理孤独感的影响［J］.家庭生活指南,2024,40(02):126-128.

心理学家约翰·鲍尔比（John Bowlby）曾对这一问题表达过极其相似的见解：**一个人早期对自我、对他人、对关系的认识，不仅会深深影响他的人格，还会成为其日后人际关系的"图式"。**俗话说"三岁看大，七岁看老"，说的就是与此类似的现象。这种"图式"包括他对人际关系的理解和预期，同时也包括他对自我的态度，或者说对自我的接纳程度——而这两点几乎贯穿整个人生中对幸福的体验。

因此，对客体关系的寻求被视为人们一切行为的原动力。可以毫不夸张地说，人们身体的成长来自父母的物质抚育；而精神和灵魂的成长则来自孩子与重要养育者之间的客体关系。

长期经历情感忽视的孩子很可能没能形成稳定的客体关系，甚至可能会因此习惯性地抹杀自己内在小孩的各种感受和需求，他们长大之后会结婚生子吗？很大概率是会的，因为他们缺乏对自己与生活的设想和期待，无所谓过成什么样子，很可能就会按照身边人认为"应该"有的样子去过，但这样的他们养育的孩子很可能会遭受同样的情感上的忽视和虐待，毕竟，从荒芜的沙漠中又怎么能汲取养料呢？

缺乏自我认知与反思的能力

2013 年全国妇联根据第六次人口普查推算，在我国，父母至少有一方外出打工的农村留守儿童有 6000 多万。2016 年，国家多部门联合开展的农村留守儿童摸底排查工作统计出父母双方都外出打工或抚养者无行为能力的留守儿童有 900 多万。这些儿童中有很大一部分是跟爷爷奶奶或姥姥姥爷一起生活，或者靠亲朋好友抚养，吃"百家饭"长大。

这种情况显然有物质条件不足和城镇化发展的社会背景原因，但孩子面临残酷且情感匮乏的心理成长环境却是不争的事实——出生几个月或十几个月大的孩子在被留给长辈或亲戚的同时，就不得不接受被迫与依恋对象分离的命运，孩子眼中那个给自己奶水，给自己温暖怀抱，给自己安全感和全能感的妈妈就那样不见了，孩子只能和并不熟悉的陌生人展开新的关系。但是那么小的孩子可能并不具备重新发展关系的能力，或者说他们对于分离的痛苦可能还不能很好地消化，就被迫应对新的变化，处理新的问题。

鲍尔比认为，当孩子与母亲分离时，各种"坏"的想象就会出现在孩子的头脑中，比如担心妈妈再也不回来了，妈妈抛弃自己了，妈妈故意伤害自己，或者妈妈根本不值得信任，等等；然而一旦母亲及时回来了，这种幻想就会被打破，孩子就会恢复到正常状态。但如果分离时间过长，这种想象就可能在孩子的精神世界中逐渐成为事实，充满愤怒的内心感受会让他们非常具有攻击性，难以信任别人。但在留守儿童的成长环境中，妈妈不回来是常态，回来才是稀罕事。

长期与父母的分离不仅会让孩子们情感淡漠，还会导致他们对父母和自己充满憎恨。

> 憎恨着父母长大的人，无一例外也恨自己。如果说父母恶毒，那与他们如出一辙的我们又能好到哪儿去？我们本该爱自己的父母，却情难自已地恨着他们，这更令我们无地自容。有一个叫利奥的孩子，表面上玩世不恭，实际上被一种自戕式的抑郁所折磨。"我知道我是个坏孩子，"他曾对母亲说，"你最好杀了我，那样我就会从你的世界消失。"
>
> 这些孩子死猪不怕开水烫式的顽固让每一个试图接近他们的大人失望、恼火，而鲍尔比将这种顽固归因于他们不愿再次受到伤害的决绝……而他们对爱的渴望，以及因得不到爱而起的愤怒，只会在无意义的性行为、偷窃和攻击中爆发。他们无药可救了吗？未必。但想通过建立充满爱和信任的关系来挽救他们，实在是太难了，这项任务不是一般的父母能完成的。①

目前，我国数量庞大的留守儿童最受关注的就是其情感缺失和道德行为上的问题。研究发现，留守儿童普遍存在道德认

---

① （美）罗伯特·凯伦. 依恋的形成：母婴关系如何塑造我们一生的情感 [M]. 赵晖，译. 北京：中国轻工业出版社，2017.

知模糊、道德情感冷漠、缺乏自信心、道德意志（自制力）较差，以及道德行为偏差等问题。

由于长时间经历与父母分离、双亲关爱缺失、隔代照料等状况，农村留守儿童与重要养育者之间很难建立起安全的依恋关系；绝大部分留守儿童与重要他人之间的依恋关系模式属于不安全的类型（矛盾型、回避型或混乱型），而这种不安全的依恋关系很可能会导致留守儿童过早表现出对亲密关系的需求。虽然这种亲密关系也有着留守儿童之间单纯的情感寄托[①]，但同时，这种由不安全依恋和缺爱导致的对不成熟亲密关系的次生需求也充满着风险，比如在关系中重演依恋的创伤，在难以承担后果的情况下发生不安全的性关系导致不负责任的生育，甚至很可能会把不安全依恋和情感淡漠的创伤继续传递给后代。

在代沟更大的隔代抚养中，价值观相对固化、经验主义思想更为浓厚的老年人更加难以在情感上对孩子做到恰当的理解、抱持和抚慰，甚至对于一些身体状况较差的老年人来说，面对很多问题时可能还需要孩子的照顾和帮助。这就使得孩子在年幼时期就不得不承担起照顾老人的责任，不得不在还没长大时就经历亲近之人去世的重大失去和创伤。

---

① 韩江风，李艺，陈辉. 从关系回避到情感转移：依恋视角下农村留守儿童的亲密关系研究 [J]. 中共宁波市委党校学报，2023，45（4）：87-99.

当然，除了城镇化发展的社会背景，缺乏正确的生殖健康知识，对安全的性行为缺乏了解，对生育缺乏准备和计划，也是造成孩子无人抚养的重要原因。有了意料之外的孩子，父母们不得不在没有准备的情况下开始抚养，如果抚养不了，这个孩子就可能面临被交给老人、亲戚抚养的命运，或者干脆被抛弃、送去孤儿院，甚至自生自灭。

我们内心深处对自我的体会和认同感不仅决定着我们面对生活的信心和态度，更影响到我们对他人的理解，进而影响我们的人际关系。如果内在小孩迷失在自我怀疑、自我否定、自我贬低之中，甚至感受不到自我，难以为自身的行为和选择负责，那么这个人的生活很可能会被各种痛苦的感受所淹没，难以长久、稳定地体验快乐和幸福。他们甚至无法相信和肯定自己，少有觉得自己很棒的时刻，这种不幸福的感受很可能会严重阻碍他们面对更复杂的生育选择，就算有了孩子，他们也很难给孩子恰当的关爱。

第三章　被固化的价值观

人往往会追求自己认为有价值的事物，基于自己对价值、意义的理解，对人生中的大事小事做出判断和选择。婚育问题上的价值认同，比如对不同性别角色的看法，对性行为和生育行为的认识，对不同家庭成员角色的理解，对关系和自我价值的思考，等等，也同样影响着人们在婚育问题上的选择。

　　随着生产力的提高、时代的发展、文化的变迁，价值观念也在发生着巨大的变化，这些变化也带来了诸多问题，比如几代人之间的观念代沟，文化潮流对人们思想观念的引导，不同地区或不同社会群体之间的观念差异，互联网兴起对人们思想意识的冲击，等等。

　　如果人们被某种外界所定义的价值观所束缚，就可能会失去自我，失去生活的乐趣和可能性；如果价值观念成了防御某些负面感受的工具，而人们对这种行动化的表现缺乏反思和领悟，那就可能会逐渐成为这些负面感受的奴隶；如果被某些过于片面的观念所引诱或误导，人们就很可能会被身份暴力所裹挟，离真实的自己越来越远……

　　因此，在各种观念的巨变中，人们需要明确的一点是：价值观念只是在一定背景下被某些人所定义的价值，而个体存在本身就意味着拥有自己选择价值的权利，摆脱固化的观念束缚，才能更真实更自由地做出贴近本心的选择。

当婚育成为一种束缚

"母亲"被赋予的身份枷锁

网上常见到有女性"吐槽"说，自己生了孩子之后，感觉失去了做人的尊严和权利——彻底沦为喂奶工具，自己想吃口好吃的也会被责怪不考虑孩子，说了一嘴想出去玩也会被责怪不负责任，完全失去了自己在生活中各方面的自由，什么都要以孩子优先，任何需求都会被看作自私自利而被责怪。

或许，这也是很多女性对做母亲这件事感到无比焦虑的原因——**对失去自己的恐惧**。

这种恐惧来得不无道理，为了更清晰地了解她们可能会失去的是什么，这里要先介绍一个概念——主体性。这个偏哲学的概念其实比较抽象，通俗一点说，主体性是在能够分清楚自我和他人的基础上，一个人对自身主导和主动的需求、愿望等方面的觉察、行动和反思。人的主体性意识能够帮助其更好地作为一个具有能动性的整体面对生活中的关系和发展。

人们在称赞"母亲的伟大"的同时，也在无形中把许多对母亲的道德要求按在女性身上。就像电视剧《娘道》中歌颂的那样，似乎作为女人，就应该把生孩子，尤其是生男孩当作分内之事；伟大的母亲能够做到甘愿为家人牺牲一切，吃尽苦头，奉献一生，也毫无怨言；就算遭遇各种悲剧和不公，也应该欣然接受，继续保持温柔善良、隐忍包容。

如果女性被动或主动地以这种道德要求作为行事标准，那就意味着她时刻得优先满足孩子、丈夫以及长辈的需求，把自己放在最后，甚至完全不顾及自身的感受。其中自我牺牲、自我奉献、事事以别人为主的倾向，无疑是在瓦解着女性自我关怀、自我维护的主体性。

当然这种要求也很可能会被身边人利用，成为道德绑架女性的有力抓手。

来访者小丽谈到自己的经历。在一次聚餐中，她丈夫聊到兴头上唱了一首歌，谁知丈夫唱跑调了，他在很尴尬的气氛中唱完，自己也有所察觉。聚餐结束之后，平日里看起来待人温和的丈夫却大声辱骂她，怪小丽应该在他一开始跑调的时候就跟他一起唱，把他带回调上，这样他就不会有失颜面了。小丽习惯性地认错说"我当时没想到"。小丽经常晚上失眠、睡不着，会轻手轻脚地去客厅做做操，偶尔把丈夫吵醒，丈夫就会劈头盖脸地骂她。有了儿子之后，儿子也学会像丈夫一样责怪她，比如上学忘带了什么东西，就会认为是母亲的错。小丽逐渐成了丈夫和孩子盛放罪责和羞耻感的容器，仿佛垃圾桶一般主动承担着他人不愿承担的糟糕感受。时间久了，她开始觉得丈夫和孩子的这些表现意味着他们离不开自己，她甚至会主动帮他们承担错误，或者做很多事后弥补的工作。

关于她自己，好像只有到快要坚持不下去的时候，她才会想办法解决自己的情绪问题，却从没想过是别人的错。她来做心理咨询都是悄悄跑出来的，不敢让家人知道，仿佛这是一件羞耻的事情，会给家里人丢脸。

小丽就活成了这样一个母亲，好像应该承担起家里所有糟糕的部分——一切不好的、不对的，都是她的错。因为她是母亲，她就应该照顾好别人，应该包容，应该考虑周全，不应该犯错。

当一个女性在各种"应该"和"必须"中，被裹成了一个处处为孩子、为丈夫整理混乱，处理"垃圾"，承担罪责，为家庭牺牲一切的"母亲"形象时，女性自身的需求失去了几乎所有直接表达的途径。想要符合道德要求，她们内心满足自身需求的方式就需要随之改变，这个过程就像"裹小脚"一样，在长年累月的痛苦中被裹得变了形——她们的想法和愿望很可能会通过"为别人好"或"引人内疚"的方式反映在育儿上或对关系的控制上。

比如当孩子成年之后，她们可能依然会习惯性地挑孩子在衣食住行中处理得不够好的地方指导，以此宣示孩子还没长大，是属于她们的，还得依靠她们、听从她们。她们并非有意，但这也是她们能想到的为数不多的表达不愿分离的方式。

从这个角度也就更容易理解"中国式催婚"了：

> 爱不爱不重要，重要的是把婚结了；过得幸不幸福不重要，重要的是把婚结了；有钱没钱不重要，重要的是把婚结了。

在道德枷锁的捆缚下，她们的生活已经被一条条僵化的形式所取代，她们同样也会如此要求孩子——你也要和我一样，该做什么的时候就得做什么，至少形式上要过得去。当然，在这种"形式"中，孩子的结婚生子也意味着父母辈分和地位的提高。

女儿被裹上的"小脚"

在流传了千百年男尊女卑思想的封建文化中，作为一个母亲，不仅要接受、认同和践行这种思想，还要在对子女的教育中贯彻这一理念。她们渴望被理解、被看到的需求，也自然而然地更容易传递给同为女性的女儿。她们需要让女孩明白，自己是不重要的，尤其不如男孩重要，女孩需要为家里的男性付出，要把自己的所有需求放在男性之后——是的，瓦解女儿的主体性，给女儿也"裹小脚"。而这种封建的思想如今仍然在不少身为人母的女性身上体现。

电视剧《欢乐颂》里的樊胜美就是重男轻女的家庭中那个被轻视的女孩。虽然有一份一线城市大公司的工作，但"作为一个30岁的女人，没有一分钱存款，哥哥结婚的房子首付是我出的，还贷也是我，连生孩子的钱都是我出的"——她的台词总是这样令人心疼。她为家里付出这么多，母亲却理所当然地要求她："你得回来救你哥哥呀！"好像帮助哥哥是她应该做的，如果她有任何拒绝，母亲就会责怪："你怎么这么狠心呀！"电视剧《理想之城》里的吴红玫辛辛苦苦多年攒了15万元存款，却被父母没说一声直接取出来给弟弟买房了，产权人写的还是弟弟的名字。她们痛苦，却没有任何办法，因为她们是女孩，她们也希望自己能够做一个"懂事的好女儿"。

这样的"扶弟魔"女孩在中国农村家庭中非常普遍。女儿是家里的"小棉袄"，就应该听话孝顺，更懂得体谅长辈，处处为父母分忧解难……直到她们成年之后，也还是难以摆脱家庭关系中那种以爱为名的控制与绑架，甚至终其一生都在痛苦中挣扎和自责。在婚育问题上，对父母的愧疚又成为这种"道德绑架"关系中无法反驳的理由。

《不能承受的生命之轻》^①中，女主角特蕾莎的母亲发现自己眼角爬上了皱纹，自己已经衰老，失去了"一切"时，深深体会到对自己人生的不满和不甘。但这种不甘和愤怒却几乎全部落在了唯一留在她身边的女儿特蕾莎身上。"她总是不厌其烦地告诉特蕾莎，做母亲就是牺牲一切。她的话很有说服力，因为她就是一个为了孩子而失去了一切的女人。特蕾莎听着，她相信生命的最高价值就是母性，母性意味着伟大的牺牲。如果母性是一种大写的牺牲，那么做女儿就是永远无法弥补的大写的过错。"对于特蕾莎而言，在母亲身边时，她就是向母亲赎罪的奴隶。当她拼尽全力逃离母亲对世界的愤怒和厌恶，以为找到了属于自己的爱情时，丈夫的出轨却又轻易地将她拖入这种熟悉的自我厌恶的痛苦。她的噩梦中，依然是"女人们裸体，男人们开枪"的画面。当她难以承受现实的艰难时，她甚至渴望成为裸体女人中的一员，这样就和母亲以及母亲灌输给她的观念一样，放弃对自己羞耻感的守护，放弃抗争，放弃坚持自己，彻底地丢掉希望，厌恶世界，仿佛就能轻松许多。

她们在无形中认同了女性卑微的观念，并且在自己的孩子身上实践着重男轻女的歧视行为，否定女儿的存在本身。我们对这些母亲感到愤怒之时，却也是在不知不觉中强化母亲"应

---

① 米兰·昆德拉. 不能承受的生命之轻 [M]. 许均，译. 上海：上海译文出版社，2022.

该有的样子"——但母亲们也是一个个孩子啊，难道为人父母之后，内心的小孩就该被抹杀吗？

这种现象的悲哀在于人们对观念束缚的无能为力，是千百年来人们给"女儿""母亲"这些角色套上的道德枷锁让她们失去了其他选择，让本可以更自由的路被迫走成了一条悲壮、痛苦的牺牲之路，让本可以更轻松的母女关系或母子关系变成了一条条难以摆脱的沉重锁链。

在文化道德的约束中，要求妈妈应该为孩子做的事，远远多于要求其他家属应该为孩子做的事，而对妈妈的严苛程度也远高于对爸爸的要求。

要孩子这件事对于自身需求都长久得不到满足的那些女儿们来说，责任和义务远大于收益，风险和指责远大于支持，那么选择不做这件事还需要更多理由吗？如此一来，单身独居的女性越来越多也就不足为怪了。

无疑，这种做"女儿"就应该懂事听话，为家里分忧；做"母亲"就应该牺牲和付出一切的道德枷锁，已经成为广大女性在生育选择上撞见的一道让人望而却步的高墙。

婚育成了既定的套路

当然，在婚育过程中，世俗社会的"条条框框"远不止对母亲的这些要求，至少还包括用性和生育来衡量女性的价值，用钱和地位衡量男性的价值，用对孩子付出的物质和时间来衡量父母的好坏，用成绩和排名来衡量孩子的优秀程度，等等。这些要求在无形中逐渐把婚育规范成了相对单一的、被设定好的流程。

如果说年龄、外貌、贞洁及生育能力等条件可以作为衡量女性价值的标准，那么女性要想体现自己的"价值"，就意味着压抑自己的欲望，在两性关系中被这些条件所裹挟。

在这种性价值观之下，人们的择偶观念和婚姻形态都不可避免地被塑造成一种既定的模式。

"女为悦己者容"的现象至今依然相当普遍，很多女性会过分在意男性对自己的喜欢程度，也依旧有不少男性对女性的喜欢基于其相貌，是否只和自己发生过性关系，是否欣赏自己，性格是否温柔顺从，以及是否擅长做饭洗衣这种功能性的需求。难以辨明恋爱关系的起点，有几成是为了带出去有面子，有几成是被欣赏、被认可、被服从的心理满足感，有几成是考虑到对方能照顾家务和孩子等生活细琐（与"娘"类似）的功能性，又有几成是真正因为喜欢对方本来的样子。

这种关系建立在面子、需求、功能这些传统的标准之上，却掏空了亲密关系中非常核心的部分——彼此之间真正的情感联结。

"没有两片完全一样的树叶"，恋爱关系中必经的一个阶段就是对彼此不那么匹配的各方面的相互磨合，对彼此身上缺点和不足的相互理解、包容和沟通。而当这种被掏空实质的情感关系进入必经的磨合阶段时，关系就会愈加脆弱，难以经受更多风浪。

而此时，在"男性应该刚强，女性应该温柔"的性别枷锁的束缚中，男性往往无法直接表达"无力、痛苦、受伤"这些意味着"不够刚强"的感受，甚至根本不善于表达任何情感，他们面对情感问题时普遍会表现出回避、冷淡或者暴怒；而女性则难以坚定有力地表达和维护自身的需求，通常只能在被动的等待、退让、哭泣、受伤、绝望中不得不承担起家庭与育儿的责任，还可能陷入"母亲"角色的重重陷阱。

如此一来，"缺失的父亲"让多少孩子对家庭和亲密关系感到困惑而陌生，"丧偶式育儿"又让多少母亲把痛苦转嫁到了孩子身上。我在咨询中发现，很多年轻一代适龄婚育青年甚至也在重复着这种过程。

当然，对于那些尽力做到"好爸爸""好妈妈"的父母而言，他们的生活同样可能会迷失在诸多"要求"和"应该"中。

有一位男性朋友，结婚前喜欢自己做饭、摄影，虽然不是法律专业毕业，但自学通过了司法考试，还经常约大家聚餐、娱乐。然而，在他结婚之后，几乎再也看不到他朋友圈的美景和美食，只是听说他有了一对双胞胎孩子，妻子要求他多赚点

73

钱，换大房子。为了赚钱养家，不到三年他换了三份工作，只是为了通过跳槽尽可能快地提薪。他忙于工作，很少再联系朋友聚会娱乐，少有的几次联系还是他发的那种"点一下能领红包"的平台邀请活动。

回想他几年前对生活的热爱，令人不禁慨叹——是什么把一个有趣的灵魂变成了赚钱的机器？是什么把婚姻变成了青春活力的坟墓？是什么把家长变成了"孩奴"？不结婚、不生育就可以避免这一切吗？真正的问题或许还是思想观念中人们给自己套上的那一条条无形的枷锁。

这些"应该"给人们带来的是无形中被束缚的恐惧，是越长大越不自由的镣铐。它们让婚姻成了一种既定的套路，让育儿成了一道道枷锁和负担。对于很多从小目睹这种婚姻困境长大的年轻人而言，陷入关系，就意味着要走入这种可怕的怪圈。

在老龄化、少子化日渐严重的日本社会，近年又出现了这样的状况——2022 年日本《第 16 次出生动向基本调查》的结果显示，目前日本 18 到 34 岁的女性中，没有过性经历的比例高达 38.7%，而男性的比例则为 36.2%；50 岁以内的不婚率也极高。

日本社会非常注重礼仪和传统，同样也极其强调不同角色的"应该"和"不应该"，他们对婚姻和育儿的规矩更多、更明确，也更难以摆脱。调查结果恰恰证明了观念束缚对人们内在动力的瓦解——当人们已经默认了这一切就是被设定好的，那么这条路就失去了设定之外的价值。当人们意识到整个人生都将走进一个被设定好的套路，是一件多么被动又无力的事情。

在这个被各种要求和"应该"捆绑住的世界里，结婚生子仿佛就意味着成为道德枷锁的奴隶，被重重束缚囚困一生，磨灭了人们最初对婚育的希望和憧憬。

争夺"既得利益"的内卷

有温度的爱成为稀缺品

美国著名社会心理学家亚伯拉罕·马斯洛（Abraham H.Maslow）的需求层次理论提出：当人们基本的生理需求、安全需求得到满足之后，自然会考虑更高层次的被尊重的需求、爱与归属的需求以及自我实现的需求。

改革开放之后，随着全面建成小康社会计划的稳步推进，人们的物质生活逐渐丰富，精神需求也在近二三十年间迅速被激活并凸显。新一代适龄婚育青年可能开始在衣食无忧中思考人生，而他们的父母却依然习惯为物质需求而奔波。

这一阶段性发展的社会变化，给无数家庭带来的是代际之间在思想价值观上的裂隙。原生家庭中更注重物质满足的父母难以细致关注到孩子的情感需求。正如上一节中提到的，在很多家庭中，压抑情绪、回避问题、隔离情感，对"桌面下的"矛盾视而不见才是惯用的处理方式。

　　然而，无论是回避、暴怒，还是哭诉、怨恨，夫妻关系中最关键的问题仍然难以得到解决——真正的情感沟通难以发生，彼此在关系中真实的感受难以被直接表达，更难以让对方理解，无法达成共识。而这种对情绪情感的漠视也很有可能延伸到和孩子的关系中。

　　多少年轻人在和父母的相处中被忽略、压抑了自己的想法，被工具化地利用和侵占了自己内心的空间……这样成长起来的孩子，仿佛长期处在情感的荒漠中，忍受着精神上的孤独。父母不懂自己，少有兄弟姐妹，朋友的支持有限，好像唯一能让内心得到安抚和慰藉的，只剩下自己。

　　对于从小追求但又缺乏精神满足的现代年轻人而言，温暖的情感、善意的爱和给予，仿佛成为一种稀缺资源，但已经长大的他们难以再期待父母有所改变，只能迫切渴望通过其他方式获得。

　　我曾参加的瑜伽练习中，有一位普拉提老师令人印象深刻——她关注每位学员的动作，通过指出学员出现的细节问题提醒每一位学员做出更加标准的动作，"大腿外旋，臀部发力""注意呼吸，不要憋气，吸气，然后吐气，收紧核心……"，她的指导语非常细致贴心，节奏把控也非常到位，跟着她的指示，你可以做出最标准的动作，得到有效的锻炼。你能感受到她的专业、温柔而有力量的责任心，以及对每位学员的善意。

保证安全的同时，又让人非常有收获。

她的课节节爆满，名额需要提前很久预约，但其他老师的课就明显没有如此抢手。她在课程中让学员体会到的安全感、收获感，被关注、被给予的满足感，可能是她如此受欢迎的原因。而且，这样周全的从身体到心理感受层面的关爱，可能也是对现代人而言极其匮乏的稀缺品。

当人们内心缺乏这种被关爱、被满足的感觉时，那么关注自己、为自己好就有着极其重要的意义——稳定对自己的信心和爱，在忙碌的生活中放松下来，补足内心匮乏的部分，就像充电一样，支撑着人们有力量用更真实的状态面对生活，应对一个又一个难关。

于是，自我滋养、自我照顾、自我满足就逐渐成了新一代年轻人在精神方面的追求——**为自己而活**。

人们向往着更舒适、更愉悦抑或更刺激的娱乐方式，而越精致、享受、有趣的生活，也就越让人羡慕。人们努力想要让自己更满足、更有能量，但这个哺育自己的过程并不容易，尤其是难以辨明自身情绪情感的人们，可能难以弄清楚自己想要的、需要的满足究竟是什么。

然而，在这种追求精致和优越的比较之中，养育孩子过程中的艰辛和烦琐就变得异常刺眼、格格不入。辛苦育儿的母亲可能根本没有时间化妆，没有工夫打扮，她们在餐厅里，在车上，在各种公共场合，好像都成了被人同情、被人可怜的对象。

　　情感和关爱匮乏的人们并非做不到"为别人付出"，更可能是不情愿的，或者是感到消耗的。然而，养育孩子恰恰是一种付出，是难以计算回报的付出，是物质、精力、时间和情感的多重付出。其中不可避免地存在现实层面的困难，但更影响生育意愿的可能还是情感和精力上的付出。让一个总是处在饥饿中的人去喂养别人，还要持续很久的时间，甚至要牺牲自己，其心情可想而知。

被带偏方向的人生观

　　这种"为自己而活"的人生观，不仅包含情绪情感上的自我哺育和滋养，也必然会包含个人价值和追求上的自我实现。

　　在信息化时代，实现个人价值并获得收益的方式呈几何级数增长，让以前难以想象的事情成为可能，成了人们肉眼可见的现实。网络平台为任何愿意学习和使用它的人提供了自我展示的机会，这不仅为现代人丰富而多元的精神需求创造了更多被满足的机会，更是给追求"为自己而活"的个人主义价值观的实现提供了无限可能。它对于人们精神世界的丰富和发展而言，就像宝藏一样，给无数人以慰藉和希望。但激动之余，问题也随之而来——当"为自己"的精神需求被市场化和商业化，很可能会让本就难以辨明自身精神需求的人们，更加迷失在物欲横流的商业套路中。

对于想要通过这种途径实现自我价值的人而言，很难不被"流量至上"的某些恶性竞争所拉扯，在艰难挣扎中忘却自己的初衷。

对于那些想要通过消费获得一些自我关照、自我安抚的人而言，一些过分宣传却徒有其表的消费项目和服务，很可能让他们不仅没有获得精神上真正的滋养和满足，反而徒增时间和经济上的负担。

在人生追求方面，什么是真正的"为自己好"，如何能够让自己获得心灵、精神、情感上的成长和满足，这些相对抽象的问题，往往容易被错误地引导或被狭隘地理解，导致人们在努力方向上误入歧途。

学校普遍倡导素质教育，其方式也包括通过分数鼓励学生多参加一些实践活动。然而其中一旦缺乏正确的价值观引导，学生的追求可能就会从学习知识、积累经验转向了分数的比拼——不少学生开始认为，参加活动就是为了志愿时长，为了积累分数，过程不重要，做了什么不重要，学到什么不重要，积累到了分数才是他们想要的。自身多方面的需求、发展和成长被这种"既得利益"所衡量、所限制，学生的眼界、价值观也受此影响，变得单一化、狭隘化。

除了校园教育的影响，家庭教育中，父母的价值观也会作用于孩子身上，父母的局限往往会成为孩子的局限。

"90后"赵女士已经三十出头，担心再不要孩子就会过了最佳生育年龄。然而，她在职场发展中晋升的关键期恰好与此重合，她担心生孩子很可能会让自己这几年在工作上的付出打了水漂，加上所在行业的激烈竞争和较高的淘汰率，要孩子的事情就只能一拖再拖。

她之所以如此在意职场上的发展和晋升，其实源于父母给她从小灌输的价值观——你有身份，有学历，有收入，有这些社会地位的标签，你才会被尊重，才配让我们正眼瞧你；否则你说得再对、再有道理，我们都不会把你的意见当回事。

站在她的角度看待这个选择：当身份、学历和收入等社会地位标签成为证明自我价值感的唯一方式，她又怎会为了其他事情放弃对社会地位的追求呢？甚至可以说，要孩子反而是这条路上的一个绊脚石。

在这种观念中，缺乏收入、缺乏社会地位的家庭妇女，很可能会是被人瞧不起的角色，陷入这种角色就更是令人恐惧的事情。

在社会中，普遍存在"抬头屁股，低头笑脸"的不正之风，为人父母者受其所困也是常事。而在对孩子的教育中，父母的态度会成为孩子的信心来源，如果把这种风气带到孩子的教育中，向孩子灌输没有社会地位、没有收入，就没有话语权，就不配被在意的价值观，那无疑是在传递焦虑，无视了生命存在本身的价值，扭曲了孩子对自己最原初的信心和认可，那么孩子能够想到的"为自己好"的方式，就只剩下了"提高社会地位"这一条路，因为这已经成为他们迫切需要的安全感的来源。

当我们把"为自己"狭隘化地理解成对某一种既得利益的执念，那人生道路必然会越走越窄。

不可言说的性

生殖器官是人体非常重要的器官，与性相关的生理和心理活动是人类极为重要的体验，更是人类孕育下一代过程中不可或缺的环节。但受传统封建思想的影响，对性的避讳流传至今，在无数人的家庭教育和思想观念中，与生殖器官、性行为、性心理活动等相关的字眼，都是龌龊和羞耻的代名词。这无疑影响到了人们对自身性特征的接纳，对性心理活动的理解和认识，而由此引发的创伤可能渗透在人生的几乎每个阶段。

身心创伤

在我接触高校学生工作的这些年里，校园怀孕的案例几乎每年都会发生，教学楼的女厕所里也偶尔会出现验孕棒。事件中的女生几乎都不敢告诉家长，顶多向老师求助，或者向同学借钱去做人工流产手术。术后，她们或者在宿舍，靠舍友的照顾度过几周恢复的时间；或者在外租房，在男友或者朋友的照看下，从身体伤害的创伤中走出。这还是在一线城市，一些二、三线城市的专科或高等教育学校里，此类事件发生的概率可能要高出许多倍。

每当我在课堂上问学生：你们有没有和父母聊过性健康或性行为的话题？学生们的回答都不出意料的一致：没聊过，很避讳。当然其中也存在性别差异。有些女生会说，父母不允许谈恋爱，不允许发生性行为；少数男生会说，家长比较开放，允许谈恋爱，但要求做好安全措施。然而，关于如何做好安全措施，父母基本上没有说过。

多少家长在面对孩子关于性的好奇时闭口不谈、躲躲闪闪、百般回避，让充满好奇和激素水平逐渐上升的青春期孩子被"吊足了胃口"，直到他们终于在各种诱惑和刺激中禁不住心理和身体的冲动，尝试了禁果，迎来的却是家长们滔天的怒火。这一整个了解性的过程，对于每个人而言都是不公平的——没有任何人告诉过我们应该怎么做，好像与此有关的情绪都是鄙视、厌恶、羞耻和回避，而到了适龄生育的时候，却好像每个人都应该无师自通。

我还清楚地记得有一期《王刚讲故事》的主角是一个19岁的女孩，在一所县城的技术学校上学，因为人工流产去的是私人诊所，设施和看护不周全，麻醉之后长时间未能醒来却没有被发现，最终不幸成为植物人。

　　为什么怀孕的学生往往会选择去私人诊所？因为她们觉得在学校怀孕这件事是极其龌龊羞耻之事，会招致父母的暴怒、身边人的非议、人群的排斥和鄙视等等可怕的后果。所以孩子们"惹祸"之后，无论如何都不想让别人知道，就算可能会让自己受伤，财产和生命安全会承受极大的风险，她们也要把这件事瞒下来。但涉世未深的孩子能想到什么方法呢？这种传统思想中对性的忌讳，反映在实际生活中的结果，往往是让当事人在身体和心理上承受无能为力又难以挽回的伤痛。

　　在无法承担养育责任，甚至根本没有考虑过后果的前提下，发生不安全的性行为而导致怀孕或者生产的情况，往往会给行为人及新生儿带来难以想象的苦难。

　　上海市第一妇婴保健院的王玉玲大夫分享过一个真实的案例：一个还在上学的女生因为不想让别人知道自己怀孕的事情，一直穿很宽大的衣服隐藏身材的变化，后期干脆逃课，最后选择在学校厕所分娩，生完还很淡定地把婴儿放进塑料袋，扔在草坪里，但妊娠过程导致她会阴撕裂、不停流血，最终她迫不得已求助医生，而不幸的新生婴儿已经丧命。①

　　她们在还不清楚怀孕和育儿意味着什么的年龄，就糊里糊涂或被迫做出了残酷的选择。流产、引产伤害的是自己的身体；

---

① 王玉玲.子宫的秘密：妇科医生手记 [M].北京：清华大学出版社，2016.

把孩子生下来，又无法承担养育的责任，重创的是她们和孩子的人生。

扭曲的性意识

刚上初中的彤彤生活在极其压抑的家庭环境中，父母对她的管教过分严格，吃饭慢点都要被训斥，除了课本之外，任何书籍都不让她看，放假期间也不允许她出去玩，关于性更是禁忌，父亲经常用一种极其贬低和嫌弃的语气表达对新闻中未婚先孕情况的鄙视。在这种压抑的氛围中，彤彤感到很压抑，却不知道怎么办。生物课上讲到"生殖器官的秘密"，回家之后，彤彤开始探索自己的身体，尝到了自慰带来的性快感。因为平时的压抑和痛苦，自慰成了她唯一"体验快乐"的途径，于是，她成瘾了。而越是这样，她就越自责，越觉得自己很糟糕、很肮脏，甚至下流不堪。在学校，她逐渐变得越来越胆小，觉得自己不配得到任何人的友好和在意，甚至上课走神，成绩下降。她因此被迫来到咨询室，但整整大半年的时间，她都不敢提及自慰的事情，直到一次偶然的机会，话题涉及有关性的内容，我看她目光闪躲，便主动问起是否发生过性行为或者自慰，她才终于开口。

其实自慰是青少年探索性的一种方式，把自身逐渐出现的性特征、性功能整合进自我的人格之中是青春期阶段孩子的重要成长任务之一。而在过分回避羞耻感、过分压抑和窒息的家庭环境中，自慰还可以被看作一种打破规矩的愿望的表达，其带来的快感很可能会过分代偿本该通过其他途径获得的快乐体验。这种成瘾症状很可能和家庭内整个系统性的氛围有着密不可分的联系。

在现实情况中，来寻求帮助的青少年中往往男生居多，女生在面对自身的性需求和性快感的问题上通常更加难以启齿，甚至根本不愿意让别人知晓。但越是不说出来，这种自罪感和羞耻感就会积累得越多，侵蚀她们的自尊和自信。如果彤彤继续保持沉默，在这种状态下长大，就很可能会发生被人侵犯了都不敢拒绝或者不敢发声的情况，因为那种自己很肮脏很低贱的低自我价值感已经深深印刻在她的内心。

如若是男生因为羞耻感而不寻求帮助，那么长此以往，其自身和性有关的部分同样难以融合进自我认知中，对自我的认识就难以形成一个协调统一的整体。对性的羞耻感可能会让他们极其不接纳这一部分，但性冲动往往又会在无法磨火的生理冲动和想要突破压抑的心理愿望的共同影响下蠢蠢欲动，甚至演变成不正当的性欲望（如偷窥癖、露阴癖、恋物癖或者其他形式的性冲动），成为他们的心魔，影响正常生活。

没了第一次，我就什么也不是

22 岁的女孩阿薇来到咨询室，掩面哭泣着说了她在社交软件上和多名男生"约炮"的经历，她说自己觉得这样很没有意思，也很危险，并不想这么做。而当我问及原因的时候，她才支支吾吾地说道："因为我跟男朋友发生关系之后没有流血，他觉得我不是第一次。而且当时没有经验，连续两天发生了好几次，也没有清洗干净，后来我们都有点不适。他觉得我有病传染给他，还说我脏。但是我真的是第一次！他怎么都不相信，还跟我分手了。在那之后我觉得自己什么都没有了，在工作场合被领导猥亵，我也没有拒绝，反正破罐破摔了。找人'约炮'纯粹是一种情绪宣泄，我真的特别不甘心，甚至想去做处女膜修复手术！"

《李银河说爱情》中讲到了这种封建思想的渊源：在世界各国横向比较，很少有其他国家会由政府来表彰这类私人的行为——寡妇或烈女，基本只有男性出现的我国封建历史的正史中，却出现了"节妇烈女传"。一个女孩如果婚前遭到了强暴，她就选择自裁；一个寡妇没有改嫁，含辛茹苦把孩子养大，政府就给她立一个牌坊。在史书里，这样的行为就是节妇烈女。其中暗指，如果你是节妇烈女，你的地位就会被提高，和男性一样获得认可。这其实是封建社会为广大女性树立的道德标杆、被称颂的榜样。

　　这种历史文化对现代人的思想观念依然有着深刻的影响。直到现代，2009 年左右，全国妇联做过一个调查，依然还有80% 以上的农村妇女认为贞操比生命更重要。[①]可见我国传统封建思想对女性在性方面的道德约束。明确强调绝对忠贞，强调生殖功能和养育功能，斩断女性的性欲望是这种道德约束的核心。女性的价值被钉在性的忠贞上，钉在生育男孩的数量上。

　　这也就不难理解为什么第一次没有"见红"就被男友看成"不干净"，认为阿薇欺骗感情，甚至因此提出分手，而阿薇会为此自暴自弃，和别人"约炮"。可以想见，阿薇也十分看重自己的第一次，十分认可这种传统道德对女性价值的定义，非常希望自己第一次可以"见红"，以证明自己是贞洁的。但当这一切没有如期发生的时候，不仅两人的感情受到了重创，阿薇内心也几乎陷入了抑郁，用"约炮"这种危险又不理智的行为来表达自己在"第一次"性行为中失去了"一切"的不甘和沮丧。

　　像这种受传统封建思想中的性观念影响，导致情感问题和心灵创伤的案例并不少见，其中最令人揪心的是人们把过多的自我价值赋予到性和生育上，从而难以走出这种僵化的性观念所布下的牢笼。

---

① 李银河. 李银河说爱情 [M]. 北京：北京十月文艺出版社，2019.

小婷的男友在自己有更好的发展之后，对恋爱8年的她开始冷暴力。毕业之后，男友去其他城市工作，不远千里去男友所在的城市求职的她却经常联系不到男友，男友总以工作忙、有项目为由，不回复她的电话和消息。她自己租房，独自生活，十天半个月才能联系到男友一次。"我们以后的发展肯定不是一个层次的，你不要指望我像以前一样哄你"，这是男友对她说过的最文雅的话。在这种情况下，她仍愿意放弃尊严，求对方聊聊近况，试图关心对方，想要拉近关系，原因是她曾为男友流产过一次。而在婚恋问题上，她和不知情的妈妈一样，认为自己"已经29岁了，这么大年纪没人要的，很难再找到像他这样的了"。

和小婷一样的女生有很多，这也是人们对于生育感到焦虑的重要影响因素之一——把性和生育看作自我价值的一部分，因此担忧和害怕失去这样的自我价值。

由此引发的生育焦虑可以大致分为两种。

一种是担心生育会导致失去性价值，而性价值又是她们自尊感中很重要的一部分。比如阴道松弛、子宫脱垂、长妊娠纹、身材走形，导致对另一半失去吸引力，影响性关系或者亲密关系。担心养育孩子会让自己失去对方对自己的照顾和关注，影响自己在关系中的需求和感受——对失去价值或某种功能的焦虑。

　　另一种是想通过生育证明自己的价值——认为生育是稳定关系和地位的一种手段。她们有的把关系不稳定归结为没有孩子，好像努力生孩子就能够留住对方的心，就能证明自己是"有用"的。在一些农村地区，甚至有些女性会认为没有生育儿子是极其丢脸的事情，吃尽苦头也要执着于生一个男孩——急于通过生育证明自身价值的焦虑。

　　显然，两种焦虑都过于注重性和生育而忽视了个体本身。在这样的焦虑中，就算有了孩子，其关注的重点也不在孩子身上，而更有可能是在道德要求的"该"与"不该"上。

性别群体中的身份与暴力

被迫站队的青少年

我真正开始想要了解女权主义思想是因为曾经的一个青少年来访者。她虽然生活在农村地区，却是互联网的老用户了。在和她的沟通中，我初次接触到"6B4T"。我的来访者将其作为人生目标，努力做到"6B4T"对女性的要求。

抱着对这个简称的好奇，我进行了更深入的了解。"6B4T"是一句口号，号召女性应该不结婚、不生育、不恋爱、不与男性发生性行为、不购买厌女产品和单身女性互助（不与已婚女性互助）；同时脱束身衣、脱宗教、脱御宅文化、脱偶像。

它舶来于韩国近几年的女权运动，同时和 20 世纪 60 年代美国诞生的分离主义女权主义有着相似之处，认为女性应该"从男性以及由男性定义、男性主导、为男性利益和维护男性特权而运作的机构、关系、角色和活动中分离出来"，倡导这种分离是希望女性通过对身边的厌女症行为进行自我保护式的回避，以实现"分离"之外的目标，比如独立、自由、成长、创造力、姐妹情谊、安全和健康等等。

这种倡导本身就属于激进主义女权思想，而在其经过韩国一些运动和机构发酵之后再传入中国，也就难以避免地呈现极端化现象。这位来访者加入了一个线上的小群体，群体中的成员会相互监督彼此是否遵守了这些要求，并且对遵守者抱以崇拜与仰慕，而对于没有做到的人会加以批评、指责甚至鄙视。我的来访者就是被鄙视的人之一，但她并不生气，她也因为没能做到而鄙视自己。

我们工作的目的是帮助她坚定对自己的信心，减少在各种小事上的自我怀疑、自罪自责，而她的思想观念以及这个群体对她的影响，就成了我们咨询工作中的一大阻碍。她已经深信不疑：在任何没能遵守"6B4T"要求的时刻，她都应该进行强烈的自我贬低。

这种认知在她心中仿佛坚不可摧，而且她还十分敏感。当我表现出任何持保留意见的态度时，她都会非常烦躁，对我既排斥又不得不继续相信。我能看到她在矛盾中纠结，却无能为力。很遗憾，我们的咨询没能继续下去。

这种"6B4T"的要求已经脱离了最初激进主义女权思想的宗旨，极端化到认为一切和男性有关的都是应该被分离和排斥的，已经从最初对某些特定的人和事的态度演变成对整个男性群体的极端刻板印象。类似的还有把任劳任怨的女性称为"女奴"，甚至后来还演变出将已婚女性称为"婚驴"、将孕妇称为"胎器"等等偏激的行为，这不仅攻击和伤害到了选择婚育的女性，还可能会严重影响到青少年对于婚育的认知。

从当前的社会现状来看，大部分女性在生活中确实接触过不少对女性的不公、"洗脑"与歧视，并对此有着一肚子难以说明的复杂的情绪体验。如果有合适的途径和方法，帮助她们理清自己的情绪感受，找到问题的关键所在，对症下药地做出改变，那将是较为理想的结果。

但目前人们所处的网络环境很容易放大和激化负面情绪，导致群体对立、性别对立。这让适龄婚育青年甚至更年轻的青少年面对过多有关生育和情感的负面信息，以及来自异性群体的无情攻击和伤害，这种现状无疑加大了问题的难度。

这些相对极端的情绪伴随着网络时代的青少年成长，尤其对于迫切需要集体认同感的青少年而言，他们更加容易受到煽动，被迫在心智尚未成熟或者还没有发展出稳定的亲密关系的阶段，就不得不一直思考如何才能最大程度地规避婚育风险这样的问题，在到达婚育年龄之前，他们可能就已经决定成为"丁克"甚至不婚不育，成为支持性别极端对立的成员之一。

以偏概全的情绪

单一主义的认识往往容易导致对世界上几乎每一个人的误解。

——诺贝尔经济学奖得主 阿玛蒂亚·森（Amartya Sen）

当某种先入为主、以偏概全的情绪被放在人与人的关系中时，就容易产生矛盾和误会；同样，当这种情绪被放在不同群体之间时，就容易煽动群体对立，引发身份暴力。

在网络上，这种现象相当普遍，比如一位网友留言说：兄弟们不要争了，一会儿就有人回复"有本事你来生孩子"。言语中暗含讽刺，指女性将会用"有本事你来生孩子"这句话来回应。可见他可能在生活中经常听到这一类的话，把它看作一种套路，想告诉其他网友，这种说法是有目的性的，是套路，不要上当。

原本是一个人的片面理解，经过网络的发酵，却成为流行网络用语"生孩子警告"，成为男性网友对女性类似"有本事你来生孩子"的表达的戏谑和讽刺。

这种暗含讽刺的表达本身就在传达一种以偏概全的暗示，强化了生孩子这件事是一种女性用来争辩以及获取利益的手段和套路，弱化甚至否定了女性在生孩子过程中可能会经历的种种风险、痛苦、煎熬和付出。它在诱导人们从一种更加单一且片面的视角看待女性关于生孩子的恐惧和焦虑，更容易激化性别对立。

这种表达没有指明主语是谁，却在暗示主语是女性。这种表达在无形中将所有女性对生育的恐惧通通否定成一种套路，不仅堵住了女性情绪表达的出口，还给所有可能会对生育有所担忧的女性扣上了一顶无耻又邪恶的帽子。无疑，这种以偏概全的表达会激起整个女性群体的愤怒。

对于内心本就充满恐惧和担忧的女性而言，当看到异性竟然会把女性对生孩子的恐惧看作无耻的套路和要挟，不安全感会立刻飙升，对身边男性的信任感可能又会降低几分，因此更不敢迈出生育的步伐。生育意愿降低，焦虑水平却在上升。

但事实上，有这种想法的男性可能只是一小部分，并非所有男性都会如此无情地忽视女性在生育过程中的付出，甚至说出这句话的男性或许本身也非无情无义之人，只是随口吐槽一句。但这种以偏概全、先入为主下定论的表达方式，无疑煽动了性别对立，触发了更强烈的生育焦虑。

是的，"以偏概全，先入为主"的观念往往是这种身份暴力的开始。如果你对一件事有情绪，过于敏感，却又不能明确区分使你产生情绪的对象，可能就会不分对象地去表达这种敏感，而这种行为只会让任何接触到你的人感受到一种敌意。

　　北京大学中文系的戴锦华教授在一次讲座中描述过类似的经历：当她在日本和一群学者讨论"战争"这个话题时，日本学者对南京大屠杀这段历史异常敏感，只要聊到相关内容，他们就会马上反驳，"我们不是经历战争的那一代，我们不为这件事负责"。甚至这种敏感会让他们很不礼貌地质问戴教授："请问你多大年龄？你经历过战争吗？"很明显，他们的过分敏感会让他们防御性地去攻击提起南京大屠杀的中国学者，而这种行为无疑会让对方感觉到不友好。戴教授说，"在谈到南京大屠杀的事情时，我总会被逼成一个民族主义者，很不舒服"。

　　在这个情境中，日本学者的表现说明他们是带着固有观念的，认为"你只要提起这件事，就是来责怪我们，让我们负责"。这种固有观念让他们很可能误解了对方的意思，还很贸然地首先发起攻击，自然激发了对方的愤怒。

　　有句老话可以帮助我们理解这种情况：**你看到的世界，往往只是你想看到的样子。**

　　一位女生来访者认为所有男性都歧视女性，她会对男生的各种行为非常敏感，男生们对一些课堂上提及的女性人物起哄式的调侃，会被她当作歧视女性的证据。在这种固有观念中，她对所有男生抱有敌意，而她的敌意又引发了对方的敌意，男生会觉得，"对你而言，我身为男生就有错喽"，结果就是使她进一步加深了"所有男性都会歧视女性"的看法。

如果我们对一件事过分敏感，或者一开始就抱着一种固有观念去看待，就很可能是在实施某种身份的暴力，并且很可能会将这种错误的敌意看作对固有观念的印证。

负面情绪的放大

负面情绪偏好效应

电视剧《亲爱的小孩》真实还原了一对普通校园情侣结婚之后，在生育及抚养小孩的过程中遇到的一地鸡毛。女主人公在生育之后对感情的失望、对照顾孩子的敏感和担忧，以及男主人公在面对由生育引发的一系列情感变化和复杂的家庭关系时表现出的压抑与逃避的态度，在剧中都表现得相当真实。尤其是两人从民政局出来后分割财产的那一段争执，更是上了热搜榜：

肖路："你也没打算好好过。"

方一诺："我没打算好好过？是吗？你自己干的那些恶心事儿，真是屎不臭非要挑起来臭。"

肖路："对，你屎拉身上都不臭。"

方一诺："我给你生孩子，我屎拉身上了，让你伺候我那一回，你嫌弃的表情，我记一辈子啊。你跟我说这种话，你还算个人吗？"

　　肖路："你嘴给我放干净点，你现在就像一个泼妇！"

　　方一诺："我就是泼妇了……"

　　生动又真实的对话仿佛是很多家庭在实际生活中情绪积压后爆发的缩影，非常接地气，引发了一众网友的共鸣。网友纷纷点赞、转发、评论，其中置顶的高赞评论是："不婚不育保平安！"

　　很多女性评论说看完之后血压升高，对老公有股无名怒火，有的男性气愤地说自己的老婆更不讲理，甚至有夫妻在评论区开始互怼。

　　然而，这样的片段也很可能是一种宣传手段——专门截取能够瞬间调动观众激烈情绪的片段，这种方法往往能够让内容迅速成为网络热点。在一个又一个猎奇、夺人眼球的短视频中，人们就好像被逗猫棒逗弄的猫一样，在不知不觉中被诱发了愤怒，又在不知不觉中感到愉快，不知不觉经历了各种各样的情绪，消耗了时间，却也可能忘记了自己本来要做的事情。

　　《乌合之众：大众心理研究》中曾提及：群体不善于推理，却急于采取行动，因此越是偏激的观点就越具有煽动性。[①] 当

---

① （法）古斯塔夫·勒庞. 乌合之众：大众心理研究 [M]. 冯克利，译. 桂林：广西师范大学出版社，2015.

今处在信息爆炸的时代，网络传播主打的是"短、平、快"，而社交网络用户发表评论既方便又可以匿名，恰好营造了这样一种便于人们急于采取行动的环境。网络用户们更在意的是自身情感是否能够在事件中找到共鸣和代入。

对此，有研究者在连续三个月的时间里抽取某网络平台社会版块综合排名前 100 且有评论的短视频并展开研究。他们对抽取到的视频提取基本信息，包括视频内容、时长、标题、点赞数量、评论数量以及评论内容等，对其进行编码分类。将视频内容和评论内容的情绪态度倾向分为正面（感动、赞扬、搞笑、快乐、新奇）、负面（愤怒、悲伤、震惊、无奈）、中性（中立）三大类，其情绪强度被分为一般强烈、比较强烈和非常强烈。

通过对短视频基本属性信息与情绪编码的数据分析发现（见表 3-1）：视频标题通常更倾向于非常强烈的负面情绪；在评论的情绪类型中，负面情绪占比最大；当短视频标题或内容带有情绪时，评论和点赞数量均会增加，且视频标题或内容为负面情绪时评论和点赞数量最多。[1][2]

[1]　许莹. 网络群体传播中反向社会情绪的放大效应及其疏导 [J]. 中州学刊，2013（06）：174-176.

[2]　王朝阳，于惠琳. 新闻短视频传播中的情绪偏好效应——基于梨视频社会版块的实证研究 [J]. 新闻与传播评论，2019，72（03）：42-55.

表3-1　短视频相关数据调研

情绪类型	不同情绪类型评论出现的频率	不同情绪类型标题下评论数量均值	不同情绪类型标题下点赞数量均值	不同情绪类型内容评论数量均值	不同情绪类型内容点赞数量均值
负面情绪	9579	53.27	663.09	71.73	738.38
中性情绪	366	26.31	613.96	32.63	657.11
正面情绪	6189	37.84	750.65	37.83	702.72

也就是说，越能够激发用户情绪反应的内容，越能够得到更广泛的传播，尤其是引发负面情绪的内容（如愤怒、敌意、仇恨）；而更广泛的传播本身，又能够将很多原本可能中立的人们引入负面情绪当中，从负面的角度去思考问题。这样就会造成一种偏重负面情绪传播而忽略了事实真相的恶性循环。[1][2]

美国媒体文化研究者、批判家尼尔·波兹曼（Neil Postman）早在1985年出版的《娱乐至死》一书中就表达了对声像信息（比如电视节目、短视频等）会影响人们思维方式的担忧。这种形式的信息特点是表现十分具象，非常吸引注意力，易于理解和传播；但也很可能让人们在不知不觉中逐渐丧失自主思考的能力，丧失自我反思和觉察的能力，致使人们的情绪

[1]　许莹.网络群体传播中反向社会情绪的放大效应及其疏导[J].中州学刊，2013（06）：174-176.

[2]　王朝阳，于惠琳.新闻短视频传播中的情绪偏好效应——基于梨视频社会版块的实证研究[J].新闻与传播评论，2019，72（03）：42-55.

和思维逐渐被声像信息本身所塑造。这样的担忧或许已经在某种程度上成为当代人的现状。

情绪化与网络传播量的相关性显而易见，这无疑会对引导和诱发不同社会群体的极端情绪起到推波助澜的作用。很多视频内容制作者为了赢得更多的点赞和评论有意寻找极端情绪事件作为素材进行二次创作，再经过网络的传播和发酵，热点社会事件所诱发的群体情绪很可能会被推向极端和不可控的境地；尤其是当面对不同群体之间的争议和冲突时（例如性别平权问题、医闹问题、师生关系问题等），矛盾极有可能会被更加激化且难以调和。

人总是对痛苦更敏感

让我们先来玩一个抛硬币的游戏。

若结果是反面，你将会损失 100 美元，那么当结果是正面时能赢多少奖金，你才会愿意玩这个游戏？ 100 美元？ 200 美元？ 300 美元？……

这正是行为经济学中的经典实验——赌博游戏中，实验人员会问被试的问题。

世界上第一位获得诺贝尔经济学奖的心理学家，被誉为"行为经济学之父"的丹尼尔·卡尼曼（Daniel Kahneman）教授，早在 40 多年前就通过类似的实验发现了人对于损失规避的心理特质。

大部分人可以接受的答案是 200 ～ 250 美元，这也显示了损失厌恶的系数是大于 2 的。也就是说，你丢了 100 元的痛苦，可能不是捡到 100 元就可以弥补的。而且随着赌注金额的增大，愿意参与游戏的概率会降低——除非你是个嗜赌成性的赌徒，不然没有任何理由会让你愿意参与一场可能会输掉你全部身家的赌博游戏。[①]

著名作家周国平的《小公务员的死》中，原本不知道自己有遗产可以继承的小公务员日子过得很平静，但在得知自己可以继承的遗产全都被火烧了之后，他却郁郁寡欢，不治而终。他觉得自己失去了太多，为此痛苦至死。

可见人们对痛苦和失去的体验是多么敏感。

在生育过程中，女性的体会复杂而多样，很可能也会体验到痛苦和失去。但在过去，个人感受缺乏被表达的空间，尤其是和性相关的内容，是极其禁忌的话题，绝大多数女性几乎都是在缺乏性知识的情况下不得不面临生育。

而在提倡女孩被动、服从、乖巧、听话的文化中，相当数量的女性被从小塑造出依赖他人的性格。为了听从别人的话，为了满足别人的期待，她们在走出一步又一步的人生之后才逐

---

① （法）奥利维耶·西博尼. 偏差：人类决策中的陷阱 [M]. 贾拥民，译. 北京：中国财政经济出版社，2022.

渐发现，自己所依赖的、所听从的、所取悦的那些人并不能为她们的人生负责，而这样走出的人生中也有很多不是她们本身想做的选择，后悔、怨恨、数不清的委屈，便在内心中积攒下来。到了互联网兴起的时代，便利的网络平台就成为她们倾吐苦水的重要场所。

于听者而言，生孩子的痛苦和风险毋庸置疑。女性对这件事有着天然的恐惧，加之四面八方的网络信息中对此的各种情绪激烈的抱怨和吐槽，会在广大女性心中进一步印证、扩大并且固化这种对生育过程中可能经历的身体和心灵上的痛苦的预期，无形中提升了恐惧以及焦虑指数。加之网络传播效应对群体情绪的放大，部分群体对生育问题的态度也被推向了不同的极端。

但这种情况并不能帮助现阶段想要生育但受各种信息影响而感到焦虑的适龄青年调整好心态，为优生优育做出更具体的打算；也不利于那些愿意进入下一个人生阶段的人坚定自身的信心和勇气；更不利于一个地区、一个国家在未来几十年甚至上百年间的长远发展。

因此，生活在网络信息大爆炸时代的我们也应当时常放下手机，走出网络，跳出相对极端的情绪和态度，站在更加客观、理性的立场上来反思和看待那些翻滚在风口浪尖的问题。

第四章　把关注点放在好的期待上

当我们总在关注焦虑，关注担忧的各种问题时，其实也在不知不觉中强化着一种暗示：这件事会有不好的结果，继续走下去会发生令人恐惧和担忧的事情，一旦发生的话，生活就会变得很糟糕、很可怕。这种暗示在强调负面的可能性，而在这种关注负面的过程中，生活也就变得负面了，未来似乎除了担忧的糟糕结果之外，缺少了其他可能性，自然让人望而却步。

生活中有好的方面，也有不好的方面，你关注什么，什么就会被你在意到、体会到。因此，想要缓解对未知的担忧和恐惧，首先就要跳出这种心理暗示，把更多关注点放在好的期待上。

改变对生活的预设

觉察你对生活的预设

一位来访者 A 在第一次咨询中就对我产生了强烈的移情——失望。

还记得那是我们第一次见面，她的主诉是背痛，但去医院检查过，大夫说没有器质性的问题，怀疑是心理困扰导致的，让她来看心理医生。

但当我问她过去的经历，她会说："和别人都一样，没什么特别的。"

当我问及她和父母的关系，她会说："挺好的。"

当我问及她对过去有什么记忆深刻的事情，她说"没有"。

当我问"那近期有什么让你困扰的事情"，她说"也没什么困扰的"。

我问："那是什么让你来寻求心理咨询的帮助呢？"

她说："因为我背痛，大夫说是心理的问题，你是心理咨询师，你应该可以告诉我原因。"

我让她描述一下背痛的感觉，她说："说不上来，就是特别痛。"

"通常什么时候会背痛？痛到什么程度呢？"

"有时候会痛一整天，晚上影响睡眠，有时候还好。"

"有没有什么规律呢？"

"没有观察过。"

"你觉得你为什么会背痛呢？"

"我怎么知道，我知道就不来找你了。"

"我需要先了解你，然后再尝试理解困扰你的问题，但好像第一步就很难。"

来访者轻蔑而无奈地笑了一声，然后抱怨道："我就说你们心理咨询师也没什么办法吧，也就是忽悠人的。"

背部主要是人的脊柱，是支撑人体的重要部位。当我们背痛的时候，通常对应的内心感受可能是缺乏支持、缺乏依靠。

在我们的咨询中，很显然，来访者不愿意说出具体的经历和感受，这是一种防御，可能她还不信任我，但她却在这种缺乏接触的基础上得出了结论——咨询师没法帮到她。而这个结论在传递一种失望和不满的情绪。

有情绪就让咨询工作有了一丝希望，我回应说："心理困扰是我们内心的想法和感受中出现的矛盾或者痛苦，我们才第一次见面，你没有告诉我任何与你内心感受有关的实质性内容，你期望完全不了解你的我给你一个答案，那注定会是失望的。这种对我的失望和靠不住的感受在你心里一定是非常真实的，我想我应该不是第一个让你体会到失望和靠不住的人吧。还有谁也曾经让你体会过这种失望和靠不住的感觉吗？"

她沉默了良久之后，说自己前段时间在父母的建议下开始备考公务员，但父母却在照顾年幼的妹妹，完全没有在意她备考的事情，她得在备考的同时自己租房、自己做饭，经济上也非常拮据。

虽说对我多了一些信任，但她还是对咨询持怀疑态度："我只是来尝试一下，或许也无法改变什么。"她一直担心咨询也不能真正帮助到她。

后来我了解到，不只是备考公务员，父母的态度让她感到失望，一直以来父母对她的关注就比较少。在她的印象中，爸爸的工作总是很忙，妈妈做事总是很粗心，她要一边努力学习，一边经常照顾妈妈。妹妹出生之后，家里的经济条件更紧张了，而那时候，她也上了大学，父母几乎在各方面都不再给她支持。她的背痛症状虽说以前也有，但就是从那段时间开始严重起来的。

可以说，她对最亲近的父母感受到的最强烈的情绪就是缺乏支持，对他们感到失望。这种感受几乎成了她生活的基调，也在很大程度上影响着她对自己的信心。

我在咨询中一直对她积极关注，发现她的改变，真心地认可和鼓励她。因为疫情在家休息的那几个月，她体会到了很多过去不曾感受到的自我照顾和对未来的憧憬，我也为她的改变而开心。但当重新开始线下工作之后，她的背痛再次发作，虽然比过去好一些，但她觉得这是一种失败，是前功尽弃。即便我反馈说"你遇到的情况发生了改变，状态有所影响是很正常的，但你已经出现的成长和进步是毋庸置疑的"，她也很难相信自己，因为她一直担心的就是这样的结果——失败，现在"失败"出现了，她反倒踏实了一些，这才是她熟悉的感觉。在"失败"的结果中，她就不用再担心失败了。

她不仅对我、对咨询失去了信心，对她自己更是失望。她的眼中似乎只能看到失败和糟糕，任何积极的改变和成效都仿佛根本不存在。那段时间我也非常受挫，但我能为她做的只有帮助她理解自己如何陷入了对别人和自己都很失望的状态。她无法待在这种状态中，要么离开，要么就得采取行动。很遗憾，我们最终还是在她的失望中结束了咨询。就像她一开始担心的那样，好像"没有什么帮助"。

在第一次面询中，她不愿向我透露任何内心感受，却希望我能告诉她背痛的原因，这个过程本身就是一次印证失望的尝试。事实上，她深深的不安全感和担忧让她一直没能真正信任我，我们的咨访关系也一直受到她先入为主的观念的影响——咨询师会像身边的人一样，并不会真正在乎我，也不会真正帮助到我。经过半年左右的咨询，背痛的好转没有成为她的一缕希望，反而之后出现的背痛反复，对她而言又一次印证了一直以来的悲观看法——没有人能帮得了我，所有人都会让我失望，甚至包括我自己。她认为这才是真实的，是更可能也更应该出现的结果。于是，咨询就以这样的形式结束了，与其说是被她预料到了，不如说是她无意识中的选择。

这位来访者 A 和另一位来访者 B 形成了鲜明的对比。来访者 B 在与我几次接触之后，非常珍惜我们之间的关系，认为我对她的理解和支持是生活中难得的温暖，并且非常信任我。虽然在一开始她会过分依赖我，后来也出现了负面的移情，但这些情绪都是非常真实又坦诚的表达。

在信任和真诚的关系中，无论是我对她的鼓励和反馈，她对我的负面情绪，还是我们对所发生事情的观察和讨论，都能够触及她的内心，引发她对自己的认可或者反思。在 年多的时间里，她的内心发生了很多改变和成长，甚至体现在她的成绩上。

但在和来访者 A 的工作中，无论我说什么，仿佛都无法真正触及她，她的周围好像裹着一层厚厚的壳，那层壳就是她的固有观念和思维定式，把一切她接触到的人和事都"加工"成她认为的样子，同时又在用结果印证这些固有观念。在这样的循环中，她深深地陷入了自己预设的绝望和孤独之中。

如果你一开始就抱着一种先入为主的观念去做一件事情，那么最终的结果很有可能与你的预设一致。

有多位著名的心理学家都发现过一个类似的现象——人们先入为主地预设和判断，无论其正确与否，都将或多或少地影响到人们的行为，以致这个判断最后真的实现。具体来说，别人对我们先入为主的预设和判断会影响我们的行为，最终可能会让别人的预设和判断成真[1]；我们自己对自己先入为主的预设和判断同样也会影响我们的生活，最终很可能使得我们最初的预期和判断成为现实[2]。

简单来说，就是"人们通常会活成自己预设的样子"，正如澳大利亚作家朗达·拜恩（Rhonda Byrne）在《秘密》一书中所说的那样——我们现在的状态，是我们一直以来所有想法的集合。

生育这件事的确是一件充满不确定因素的事情，但如果我们过分在意的是其负面的结果，其实也在不知不觉中强化着一

---

[1] 罗森塔尔效应，又称皮格马利翁效应，是一种社会心理效应，指的是教师对学生的殷切希望能戏剧性地收到预期的效果。

[2] 美国社会学家罗伯特·金·莫顿（Robert K. Merton）提出的自我实现预言（Self-fulfilling prophecy），也叫俄狄浦斯效应、预言的自我实现、自证预言。

种暗示，即事情向负面发展的可能性。因此，在面对生育这件事时，我们首先要做的是跳出这种心理暗示，把关注点放在好的期待上。

积极信念与限制性预设的差别

还记得哈佛大学知名教师泰勒·本－沙哈尔（Tal Ben-Shahar）在哈佛大学"积极心理学"公开课中讲了一个真实的故事。数十年间，一直没有人能够在 4 分钟以内跑完 1 英里（约 1.6 千米）；科学家和医生也发表了研究，提出人类跑 1 英里的耗时是有极限的，就是 4 分钟。一个叫罗杰·班尼斯特（Roger Bannister）的运动员并不相信这个人体极限的说法，他拼命练习，终于在 1954 年 5 月 6 日用时 3 分 59 秒跑完了 1 英里。之后，他的耗时越来越短。在这之后的短短一年之内，世界各地共有 37 位运动员跑进了 4 分钟以内；这之后的第二年，则有 300 多位运动员跑进了 4 分钟以内。

可是在那之前，没有一位训练有素的运动员可以跑进 4 分钟。为什么？或许就是因为运动员们相信科学家和医生所说的人体极限，他们深信作为人的自己就不可能跑进 4 分钟，不可能突破极限。这个限制是否有充足的依据已经没那么重要了，重要的是，它成了人们思维认知中对自身能力的一种限制，一种关于自己不可能做到什么的深刻的信念。

在这里，"4分钟是人体极限"是一种限制性的心理暗示，在这种暗示的作用下，人们都跑不进4分钟，而罗杰做了一件极其重要的事：打破人们思维中这种限制性的暗示。没有了这种暗示的作用，越来越多的运动员都能跑进4分钟以内。

如果我们从这个角度来看人们对生活的态度，就可以更清晰地理解不同心态的人们之间的差异。以下是几类心理疾病患者可能出现的自我暗示情况：

● 强迫症：如果不回去看，就不确定门锁了没有，如果没有锁的话，就会丢东西。不能踩在地砖之间的缝隙上，不然身体可能就会被切割开。洗手没有洗够二十遍就会把细菌吃到肚子里，就会生病，甚至死亡。

● 焦虑症：死亡正在逼近，我就要死了，我能感觉到心慌气短，就快不行了。

● 恐高症：一旦位于高处，我就会摔死。我感觉自己头晕目眩，马上就要摔下去。

这些都是他们在头脑中给自己预设的障碍，而他们对这些被预设的障碍深信不疑，于是表现出了相应的情绪反应和应对行为，而在不理解这种忧虑的人看来，这些都是完全没有必要的行为。对于这些患者来说，很多精力和能量就被消耗在自己给自己设置的障碍上，他们不断内耗，这种内耗深深影响了他们的生活。

我们再来看看那些积极健康的人，他们对生活少有限制性、障碍性的预设，而是抱有更多对自身有好处的积极的信念。总结起来，他们时常会抱有以下几种想法。

1. 对方在为我好

日本 TV 动画《火影忍者》中有一个情节，故事主角鸣人和佐助在一次任务中要共同对战手握偷来的雷神之剑 ① 的一个上忍绿青葵。在这期间发生了一件事：佐助使出浑身力气打了第一下，把葵的雷神之剑打出了一个豁口，但自己也身受重伤；鸣人接着就从豁口入手，打断了对方的剑，最终小组获得了战斗的胜利。

然而两人对这一件事的理解却截然不同：鸣人认为自己在和佐助打配合，豁口是佐助给自己留下的机会，决心一定不辜负队友的付出；但佐助看到的却是鸣人打断了剑，而自己没有——鸣人怎么会比我强，我不服气。

鸣人关注的是小组中的合作，是默契的关系，他珍视这份战友之情，在任务结束之后，他自然会因此更加信任和珍惜与

---

① 日本 TV 动画《火影忍者》中的一种忍具，属于最锋利的忍具之一，拥有无穷的雷之力量。

队友之间的感情。但佐助关注的是自己够不够强大，当他发现一些自己不如鸣人的地方时，便会生出超越之心，执着于变得更强，而非着重于队友之情。

2.相信问题可以解决

我自己的一段经历可以很典型地说明"相信问题可以解决"的预设。在我刚工作的那段时间，办事还非常怯懦，和领导沟通中有很多纠结和畏惧，生怕惹怒了领导，而正是这种畏惧，让我在很多工作内容上缺乏沟通和汇报，对工作的执行难以让人满意，问题也总拖着得不到解决。

一年后，来了一位新人，他和领导的沟通就与我截然不同，有一说一，有不同意见就直接表达。我一开始很震惊，但几项任务之后，我发现正是这些看似有冲突、有矛盾、有顶撞的沟通，让他的工作完成得更好、更顺利。

在那之后，我意识到了自己的问题所在——曾经过于严厉的管教模式让我不相信领导能够接受我的意见，我内心先入为主地认为权威会不允许我表达异议，也因此从一开始就认为工作上的问题不可能通过和领导沟通来解决。这也导致了我和领导的关系一直很疏远，而由此引发的问题也一直在影响我的工作热情。那位同事给我做了一个非常好的示范，他和我最大的区别就在于他相信领导可以沟通，相信问题可以解决，并且允许自己做这样的尝试。

当我意识到这些之后，改变就悄然发生了，之前担忧的问题逐渐也就不再是问题。

3. 直面问题，相信好的事情一定会发生

学校里家境贫困的孩子并不少见，但不同的心理状态或许会导向截然不同的人生。同学小 A 家里是开小卖铺的，收入不多，还有三个孩子，他很羡慕家里更富裕的同学，学习人家买首饰、戴名牌手表、用高端手机，但其实每件东西都需要他积攒很久才能买到，甚至有些是贷款的。看起来，他似乎和别人一样，但其实他内心对父母很失望，自己也很自卑。

另一位同学小 B，父母在他小学时就离异了，父亲远赴他省，母亲有了新欢。他一个人在外地上学，经常一天只吃一顿饭，只打米饭，请阿姨浇点菜汁过活。但他保持着自己对计算机的兴趣，自学了很多技能，包括 Java[①]、Python[②]、3D 建模等等，还经常找相关专业的老师聊天，谈关于赚钱途径的想法。

毕业几年之后，小 B 已经找到了合伙人，开了一家生产手办的小公司，虽然竞争激烈，但生意还不错。而小 A 找工作的

[①] Java 是一种高级程序设计语言，可应用于 Web 开发、桌面应用开发等。

[②] Python 由荷兰数学和计算机科学研究学会的吉多·范罗苏姆（Guido van Rossum）于 20 世纪 90 年代初设计，Python 提供了高效的高级数据结构，能简单有效地面向对象编程。

过程中被骗了两次，很灰心，后来回去帮家里看店了。对比这两位同学，其实小 B 的家庭条件更糟糕，但他一直想着通过自己的努力学习更多技能，创造财富，相信一定能找到某种途径把事情做成，而小 A 总是用虚荣的方式来回避问题，自怨自艾，相信自己出身不如别人，就什么都不如别人。

对比之下，我们不难发现，心理有问题者和心态积极者最大的区别在于关注的重点不同，对未知和不确定的预设与信念不同——存在心理问题的人总是在预设中给自己很多阻碍和限制，而心态积极者则会在预设中关注和放大对自己或对关系有好处的一面。这些预设和信念影响着他们对事实的理解，进而影响着他们对幸福的感受，以及在行为层面的选择和判断。

当然，拥有积极心态的人，也可能同时是存在心理问题的人，两者并不矛盾。而其存在心理问题的原因，也很可能是对某些问题的逃避、否认，因为不愿面对真实感受而自我蒙蔽，导致问题在无形中不断发酵，直到影响生活，不得不被关注的程度。

并不是说只能看到好的感受，不好的感受就要被忽视，忽视并不是解决问题的办法。我们的任何感受都有着极其重要的意义，都有着被觉察、被理解、被关注的必要。我们需要做的不是放大恐惧，陷入焦虑，而是首先诚实勇敢地接纳现状，而后用积极的思考方式去面对各种好的和不好的感受。

给生活赋予好的意义

我们可以大胆地参考强迫症患者的症状来做一个联想——恐惧可以让强迫症患者把地砖缝隙和死亡联系在一起，那我们何尝不可以把美好的意义赋予具体的行动和事物，来促进和增强我们对生活的信心和期待呢？其实这也是人类一直以来在用的办法。

说错话的时候"呸呸呸"，就可以把错误"吐掉"；小孩不吃柿饼的时候，用"老虎害怕柿饼"来暗示小孩吃柿饼就能吓退老虎；过年过节要倒贴福字、写对联，吃鱼代表年年有余；过生日要吃长寿面代表长寿；本命年要穿红色袜子"踩小人"……

各种节日和习俗，各种祖先流传下来的智慧，不正是在赋予我们以更积极的勇气和态度面对生活吗？

在现代社会，这也被化用为一些商业手段：有的公司把人们走路的步数转化为给贫困地区捐献的资金，有的公司把现实生活中专心学习的时间转化成虚拟种菜的投入，有的公司把背单词的过程转化成闯关游戏。

这种对生活赋予的意义，不仅给商家带去了收益，也让用户在运动、学习时不再枯燥乏味，而是喜欢上了时间规划，喜欢上了运动和绿色出行。

我们的生活中处处都是被赋予的意义。生活其实就是一场意义的游戏。当被赋予的意义足够强烈，或者认可的人足够多，它就成为大家普遍接受的观念。

从这个角度看，人们的幸福和美好其实是被赋予的，是被创造的，是被相信才存在的。小到起床的自我暗示[①]，大到个人的自我价值，我们都可以通过主动赋予自己相信的某种意义来帮助自己前行。

和怀孕、生养孩子有关的负面新闻较多时，确实容易让人陷入焦虑，会让人联想到怀孕期间丈夫出轨；生孩子之后身材走样，被丈夫抛弃；婆婆就像新闻中那样"过分在乎孙子"，忽略儿媳的需求，甚至伤害儿媳，而丈夫又站在婆婆一边，或者袖手旁观、两不相帮；带孩子的过程中，妻子一人累得没日没夜，丈夫却呼呼大睡、不予理睬，甚至对家人发泄情绪，打骂妻儿……

其实这些担忧背后都有着类似的潜台词：如果有了孩子，那么你的生活会陷入意想不到的深深的绝望，你会面临一重接一重的被忽视和被伤害。而这种绝望、被忽视和被伤害恰恰是我们可能在原生家庭中会观察到或经历过的，是无数女性想象

①　当你想着枯燥的学习任务或不愿面对的工作压力时，你自然就不想起床；但如果你想着当天值得期待的事情，并且跃跃欲试，你自然很快就能清醒。

到的最为痛苦、恐怖的人生境遇。

安全感供养着每一个人心底面对生活的勇气，而女性在怀孕期间会面临身体的变化、健康的不稳定，甚至心理上对生活的失控感。这些通通都在威胁着她们心底的安全感。如若加上感情不稳定、与长辈相处不好的问题，很有可能会让女性陷入深深的担忧和恐惧。

而当我们陷入恐惧中时，其实也在给不确定的未知赋予悲观又可怕的预设，忘记了那些担忧并不代表生活全部的可能。不论我们如何选择，如果总是对可怕和糟糕的结果深信不疑，那么人生是开心不起来的。

无论要不要孩子，每一种选择背后都有需要面对的问题。生活有没有变得不幸，不在于是否遭遇了某种困难，而在于你如何应对和看待这些困难。我们对待生活的心态和信心决定了我们对幸福的感受和体验，而这份心态和信心就来源于我们给各种未知和已知赋予的意义，对扑面而来的生活赋予的预设和期待。当然，这并不代表要忽略生养孩子过程中的困难和风险，而是提醒自己通过关注积极面的方式，让选择走下去的生活道路多一些美好的体验。

这一点看似无足轻重，有人可能会觉得："开心过也是过，不开心过也是过，有什么大不了的。"但事实上，每一个小的心态和看法，都在影响着你的行为和决定，这些行为和决定会化作你人生的现实。积少成多，觉察不出的量变每时每刻都在影响着事情的走向，直到发生质变——最终，不同的心态和信念会导致我们走出截然不同的人生。就像《蜘蛛侠3》里那个逃犯说自己没有选择，为了给女儿看病，他不得不抢银行（这是他给自己的暗示），但其实他也有其他的选择。我们每个人都是。

如果有孩子，我们对生活的态度同样会影响我们对孩子的态度，影响孩子的人生。命运、机遇、大环境等是我们无法掌控的，但心态和信念是我们可以选择的，那么何不从现在开始，朝着更积极、有更多可能性的方向发展呢？

焦虑的积极意义

促使更充分的准备

还记得一部电影《坠落》，讲一个女孩为了鼓励另一个女孩从失落的阴霾中走出来，提议一起去攀爬一座荒漠中的废弃高塔。那座高塔有 600 米高，两人爬到塔顶之后，梯子却因年久失修掉落了。两人被困在 600 米的高空，手机也没有信号，上天无路，下地无门。

电影中的情形让观众十分有代入感，能体会到她们被困在高塔上的慌张和恐惧。还记得当时没看完，身边朋友就开始讨论起自救办法来。之后发现网上也有很多与此相关的讨论，比如出发前就应该提前告知亲人，或者用背包里的绳子将自己与铁塔拴在一起，靠着绳子的摩擦力一点点攀爬下来。事后我们还更细致地查找和学习了打绳结的方法，以及户外绳索的一些简单的使用技巧。

这一系列的讨论和学习完毕后，我们的紧张和恐惧缓解了许多，一种踏实感莫名浮上心头。虽然这部电影激发了我们强烈的恐惧感和担忧的情绪，但这些情绪却也促使我们收获了一些求生知识和绳索运用的技巧。

很多事情都可能会唤起我们内心深处的紧张、恐惧或者焦虑不安，如果这种情绪能够被我们合理地转化为学习的动力，转化为应对问题的策略以及做事的决心，把我们担忧的未知，通过有针对性的学习、合理可靠的应对办法等，转化到不再让人恐惧的已知和可控的领域——可怕的事情就变成了生存的智慧，失控就变成了可控，焦虑就变成了信心。

其实不只是对死亡的恐惧，我们日常生活中的任何一种情绪感受都有它的意义所在，都有着被尊重、被关注、被认真对待的价值。

细化担忧，积极寻找对策

当我们意识到自身关于生育的焦虑时，首先需要做的就是将这种担忧细化，更加具体地描述担忧的是什么。

以下罗列了一些可能存在的和生育有关的担忧，可以大致分为几种类型（见表4-1）。

表4-1　生育担忧及其分类

具体的担忧内容	分类
经济条件差	物质条件方面的担忧
养育成本高	
房价高	
没户口	
怀孕歧视（因怀孕、分娩或因此产生的相关疾病而被不利对待）禁而不止	事业发展和社会地位方面的担忧
职场中对婚育女性的隐性歧视	
影响事业发展和晋升	
因已婚未育的身份遭遇不公	
身材走样	身体健康方面的担忧
妊娠前后身体的疼痛和意外风险	
宫外孕	
妊娠后遗症（乳腺炎、子宫下垂、漏尿、伤口发炎、腹直肌分离、妊娠纹等）	
月子中手忙脚乱，无人照顾，落下病根	
怀孕过程中被身边人伤害	内在需求被忽视、被侵占、被伤害方面的担忧
脆弱的时候，情感需求得不到丈夫或家人的满足	
和长辈之间的关系（如婆媳关系）不融洽	
陷入产后抑郁，无人支持	

续表

具体的担忧内容	分类
家庭中抚幼责任的倾斜	对于失去生活掌控感、失去自我的担忧
生完孩子之后没有人帮助或分担	
生活失控、陷入被动无助的状态	
因为养娃被捆住一辈子	
因孩子而被道德绑架	
失去性吸引力而影响夫妻关系	对影响或失去关系的担忧
孩子会分走伴侣对自己的爱	
被抛弃、被针对（例如丈夫出轨，或和公婆产生矛盾时丈夫站在公婆一边）	
和父母产生矛盾	
遇到难关时，伴侣靠不住	
生活质量降低	对养育过程的担忧
养育孩子没日没夜、太费精力	
自己做不好父母	
养不好孩子，无法应对激烈的教育竞争、糟糕的外在环境等	
上有老下有小的困境	
不要孩子会很另类，遭遇别人的冷眼	担忧外界的眼光
错过了最佳生育年龄	
生不出孩子或生不出男孩	
没有让人满意的孩子，影响自己的家庭甚至社会地位	
没有孩子的女人不完整	

具体的担忧内容	分类
孩子最终会离开自己，靠不住	担心辛苦付出不值得
生出畸形儿	
孩子患上心理疾病（如自闭症）	
孩子不成才，甚至连累父母	

首先，我们要清楚，虽然这可能不是担忧的全部，但无须担忧以及令人期待的事情一定会更多，只是没有被列出来而已。比如夫妻一起散步的悠闲惬意，有孩子之后的欣喜，在工作上获得的照顾，孩子的可爱，天伦之乐，孩子对你的信任和依赖，你为孩子而逐渐坚定的信心和勇气，等等。

其次，在我们细化了自身的担忧之后，就可以更有针对性地去做准备，去寻找应对的办法。比如，换一个视角，我们可以把这些担忧划分为客观的和主观的两部分，客观的担忧包括我们在现实生活中可能会实实在在遇到的困难，例如物质条件、身体健康、工作上的影响等；而主观的担忧则包括我们自身情绪情感的部分和与他人关系（亲人、长辈、孩子）的部分。

如果说主观的部分牵扯到复杂的情绪感受，难以直观说清楚，那么对于客观现实的担忧则更适合作为切入口，让我们有针对性地进行准备。

具体而言，如果经济条件不够宽裕，可以尝试了解国家与生育有关的各种福利和倾斜政策，税收方面的、假期方面的、医疗补助方面的等等，有些网站上甚至有人专门分享总结了这类信息。除了国家层面，还有省、市级的特别政策，单位的相关举措，医院或者某些项目相关的福利和优待，等等。当你了解了越来越多的福利和倾斜政策之后，很多养育方面的花销就有了更多补助和节省的途径，把这些可行的途径和方法看作向着目标更进一步的可能性，学会积极暗示，那么你就有越来越多能让自己开心的事情去做。

再比如担心身材走样，你可以进一步了解怀孕过程中影响身材的原因，查看相关的书籍，学习相应的课程，了解如何在孕前、孕中预防，在妊娠后通过哪些途径恢复，等等。更加细致的、可执行的具体做法都值得我们去学习和尝试，从中寻找更适合自己的，对自己来说更舒服、更有效的做法。

工作方面可能复杂一些，不同的工作内容可能受到的影响不一样。但就算这样，我们依然可以从中找到自己可以做的努力，比如寻找合适的机会，保持对工作的热情，和同事领导搞好关系，利用空闲时间提高专业能力，等等。

这些都是当我们细化了焦虑的问题之后想出的办法，当一大堆难以名状的担忧变成了可以具体着手去做的事情，而且每一件都能让我们缓解一些忧虑，离自己期待的目标更近一些，那么在做的过程中，就能让我们逐渐多一些能量和信心。

这个过程就好像策划一场活动，你提前准备得越细致，考虑的问题越周全，活动就会举办得越顺利，而这些细致和周全都是心中的担忧促使我们想到的。

当我们理清自己的担忧之后，能自己努力做准备的就去做；能和伴侣、亲人、朋友商量的就提前商量，想好对策，或者讨论出彼此都可以接受的应对办法。这些努力都能够降低未知出问题的风险，提高顺利度过危机的可能性——这就是焦虑情绪带给人们的益处。想象一下，如果没有焦虑，我们几乎不会提前做什么准备，而当问题真正出现在眼前，往往会让我们陷入被动窘迫的境地。

从另一个角度看，觉察焦虑，直面担忧，其实也是承认自己和身边人存在问题的过程，这个过程需要足够的勇气和智慧，而发现的往往是值得关注的问题隐患。把这些我们担忧的问题拿到事发之前来解决，一定好过之后它们一股脑儿出现时手足无措。

折射出潜在问题

然而，想要把情绪转化成实际行动有一个前提，那就是知道自己担心的是什么。在《坠落》这部电影中，我们可以明确观众被激发出的情绪是对死亡的恐惧，是在特定情境下是否能生存下去的焦虑。

但是在有关生育的焦虑中，情绪是更复杂的，不同的人可能有不同的焦虑原因。很多人会觉得这种情绪就像是杂糅在一起的毛线团，就是觉得烦心、纠结，但也说不清楚自己担心的到底是什么。在这种情况下，首先要做的就是觉察内心的真实感受，找到那个让自己困扰的核心问题。

比如有位朋友静兰非常担心如果在 30 岁出头的年龄没有生育的话，会影响自己之后的工作发展（已婚未育的女性跳槽并不受欢迎），她说自己在招人的时候也会避免招收这样的女性，所以自己得赶快要孩子。但其实，她也并没有很想要孩子，而且对育儿的生活怀有诸多疑虑和畏惧。

如果只是想要孩子但害怕过程中的风险，那么将风险转化成具体的学习行为是可行的，但像这样既想要又不想要的矛盾，就不好办了，因为连她自己都不知道真正要去的方向是哪儿，又如何去采取行动呢？现实生活中，可能有很多适龄婚育青年遇到的都是这种矛盾，这种从根本意愿上都说不清楚自己要往哪儿走的纠结。

此时该做的一定不是采取行动，而是应该先向内探索，觉察内在的核心问题。这并不是一件容易的事情，有一个简单的方法或许会有所帮助：多问一些"为什么"，打破砂锅问到底。而这个"问到底"问的不是别人，正是自己。

对于静兰来说，她目前最在乎的其实是工作，是想要在工作上有好的发展，或者能够跳槽去待遇更好的公司。而她之所以想要孩子，也是因为工作，是担心跳槽的时候，"没有孩子"的个人状况会影响前途发展。那么问题来了：为什么她会如此在意工作？

经过更详细的询问，我得知原来在生活中以及身边的人际关系中，静兰其实非常缺乏安全感。她从小作为父母自恋的延伸，被过分强调工具化的部分。自我价值感被外在条件所侵占，她习惯性地用更优秀的成绩、更高的工作收入来证明自己。这种追求甚至成为她自我价值感的来源，要孩子也要为此服务，养孩子也会受此影响。她坦然说道："如果孩子达不到我的要求，我可能会特别生气。"

而这种不安，以及对自身价值的不确定，让她在与人相处的过程中非常在意掌控感和主动权——"比我强的人如果没有那么认可我，会让我特别不自在；但比我弱的人，我又会看不上。"

这样一来，她看似矛盾的选择就找到了更深层的原因——对关系的不安全感，对自身价值的不确定感，让她拼命寻求工作上的进步和认可；但同时也正是这种不安全感，让她时刻处在紧张状态中，总是和身边人相互比较谁强谁弱，难以建立平等、信任的人际关系；这种不安已经渗透到了她工作、生活的方方面面。

为了工作发展而要孩子和恐惧要孩子的矛盾只是众多问题中的一个，在这种不安全感的作用下，其实还存在亲密关系方面的问题，比如丈夫强势一点，她会不安，如果丈夫有不如她的时候，她又会嫌弃；孤独方面的问题，比如缺少能长久相处的朋友，凡事只能靠自己；父母关系的问题，比如对父母难以依靠、难以亲近；等等。

还有一位女性朋友说到自己对于生育的担忧：觉得自己到年龄了，再不要孩子就可能会非常困难了，但当下夫妻关系不顺利，连性生活都很少有，更别说怀孕了。后来我了解到，她结婚也是因为被催婚，并非自己的本意，只是"到了年纪不得不结"。再拖就要不了孩子了——这是很多女性面临的困境，是一种对失去生育能力的担忧和恐惧。但在这个恐惧背后，她们更担忧的是自己和别人不一样，是不一样带来的冷眼、指责、负面评价，是好似落单一样的恐慌。她们并不清楚自己想不想要，只是要做别人都会做的事。

当你人生的各种选择都是随大流时，矛盾一定会出现，因为潮流多种多样，不一定所有流向都会顺着你的生活。只有明确了自己想要的，才能有勇气做出取舍。"如何找到内心真正的需求"或许正是这种生育焦虑中反映出来的内心潜在的问题。

我曾经在网上看过一些女生分享自己恐婚恐育的原因，其中一个女生说："结婚后就要照顾整个家庭，有孩子之后可能会身材走样，丈夫还不一定会一直爱你。"另一个女生说："结婚就可能被关系捆住，被男人控制住，被家庭捆绑住，失去自由。"其实从这两个女生说的原因中，我们就能隐约听出两人的担忧背后不同的心理创伤和诉求。

前一位女生主要担心的是付出太多之后会被抛弃。这种担忧背后仿佛有那种被工具化利用、内心需求被忽视的懂事听话的孩子的身影，她们会通过付出、牺牲、退让来维持关系，但同时又会担心自己失去价值，被对方抛弃。

而后一位女生则是担心在关系中被控制，失去自我，不自由。这会让人联想到被威胁、被限制的恐惧，其背后可能是关系中某种创伤性的体验。

在我们看似矛盾的需求和选择背后，其实往往有着一个共同的核心问题在起作用。想要找到答案，就得穿过眼前的矛盾和纠结，觉察那个造成和引发了这一切矛盾的核心问题，那才是我们真正需要去面对和解决的困难。

心理学中有种外化内心想法的测试手段——激发人们的自由联想，在联想中发现人们内心深处的情绪情感。其中代表性的测试方法有罗夏墨迹测验、主题统觉测验、箱庭疗法等。在经典的精神分析中，自由联想也是一种很常用的手段。

比如主题统觉测验中，要求被试者看一张可以有很多解释的图片，然后说出自己对图片的理解，无数的测试证实了一件事——人们说出来的推测往往和他们内心所想、所在意的事情有着千丝万缕的关联。

生育这件事其实就像一场主题统觉测验，是摆在我们人生中的一个标志性事件。我们关于这件事所产生的忧虑情绪，我们对此所描绘出的各种担忧和具体情景，其实在很大程度上都可以算是我们的自由联想，是我们的内心想法在生育问题上具象化的投射和体现；甚至我们在有类似的担忧之后，就会更加关注印证我们担忧的新闻报道、小道消息、真人故事等，从而强化内心的感受。

这些担忧很可能是我们悬而未决的内心困扰，是一直以来压在我们心底的不安，是反复出现的行为模式带给我们的痛苦感受。它们在生育问题上以这种形式出现，也很可能会在其他问题上以其他形式出现。但只要那个痛苦没有解决，我们在面对任何重要挑战和困境时，在任何亲近的关系和人际交往中，都可能会再次体会到它。

透过与生育有关的焦虑体验，发现内心深处长久以来困扰着我们的痛苦，找到相应的思维、情感、行动模式，并加以调整和改善，正是这种焦虑体验带给我们的积极作用——折射出我们心灵深处的潜在问题。这是一个我们不得不面对，却能让我们经由痛苦发现问题、完善自我，实现个人成长，提高人生境界的机会。

＊＊＊

焦虑情绪这种信号，一方面指向了对未来可能发生的情况的预警，可以帮助人们在现实层面做好更充分的准备；另一方面则来源于我们长期以来被压抑而没能表达出来，不断积累让我们痛苦却又悬而未决的负面体验。这种负面体验在生育这种重要的人生转折点上很可能会被迫爆发。这些重要节点是"压死骆驼的最后一根稻草"，也是让你不得不面对长期以来的隐性问题的重要契机。

就前一方面而言，如果我们能够将其转化为对具体事物的准备和学习，转化为对风险的觉察、预防和行动，转化为生存的智慧和动力，就能让未来的道路少一些不顺利。而就后一方面而言，如果我们能够借此机会，主动觉察长久以来内在的问题，勇敢面对困扰内心已久的旧伤，通过各种渠道和方式，疗愈内心深处的痛苦，那么生命将被拓展，新的自我超越和自我接纳就有可能发生。

因此，焦虑感在某种程度上是有好处的。不论是对未来可能遇到的种种问题，还是对自身某些长期积累的问题的觉察和面对，焦虑都是一种促使我们面对问题、解决问题，让生活变得更好的信号和机会。

第五章 放下过去，重新开始

生育阶段的焦虑往往基于很多潜在问题反复积累后在生育节点上爆发。这些问题通常根源深、时间久（可能来自原生家庭和童年经历），我们已经由此形成了习惯性的思维和行为模式。如果这些问题持续影响我们，不仅在生育问题上我们会焦虑，可能在任何其他需要发展更亲近的关系或者面临重要挑战的事情上，我们同样会产生过度的焦虑，或者重现我们所担忧的、需要再次承受的伤痛。唯有正确看待过去，坚定自己的信念，才能够尽可能摆脱伤痛的影响，走上自己渴望的道路。

理解过去，才能放下过去

为什么要重新审视过去？

当我们透过生育焦虑了解内心深处一直影响着我们的潜在问题时，最关键也是最困难的事情就逐渐浮现了出来——如何面对过去的痛苦经历？这些痛苦正是让我们对未来感到担忧的核心原因，是让我们对未来感到恐惧的重要理由。

想要走出这种习惯已久的认知、情感、行为模式，首先就需要我们充分理解过去，理解自身是如何形成这种习惯的，并且联系当下，理解这种习惯模式带给我们的影响，才能逐渐摆脱旧有的模式，活出崭新的自己。

然而，重新揭开伤疤，回忆曾经的伤痛，是非常痛苦的事情，很多人都会产生疑问和困惑，甚至也有同行在学习过程中质疑过类似的问题——沉溺在过去改变不了什么，为什么还要探索过去呢？

这个问题好像就在问：我的问题是原生家庭中父母造成的，

父母改变不了，过去改变不了，还能怎么办呢？

通常情况下，不管原生家庭中父母给孩子留下了怎样的伤害或痛苦，都无法磨灭他们对孩子的照顾和付出；但同样，他们在养育过程中的辛苦付出，也无法掩盖他们给孩子的心灵带来的问题或伤痛。尽管孩子无法选择父母，但有权决定自己的人生——这种决定建立在理解过去的基础之上。

一次我和朋友小甲聊到电影《瞬息全宇宙》，小甲说道："看到电影中杨紫琼扮演的那位妈妈那么关心女儿，愿意走进女儿的内心，我真的很羡慕。但是这种治愈在我身上是不可能发生的，我的父母已经不可能改变了。"有种"自己不可能与父母和解"的言外之意。

在和小甲相处的过程中，我可以感受到他对自己的父母怀有深深的失望和怨恨，他所说的也是由这种情绪而起，好像"父母改变不了，我的问题就无法解决，是他们毁了我的人生，一切都怪他们"。从想法到说法，他都在表达着这种失望和怨恨。咨询师的敏感让我意识到，小甲需要关注的正是这种失望。为何它会如此强烈地影响到他？因为这种情绪总是被忽略、被压抑。小甲表达失望的同时仿佛也在表达一种诉求：他们从没有对我道过歉，从没有安抚过我渴望被关注、被照顾的内心，他们总是逃避责任，我对他们很失望。而这种对失望的表达，正体现了他对关系还有着某种期待。无论是失望还是期待，都是小甲内心真实而深刻的感受，这种真实的感受中蕴藏着他对生活最真切的热情和动力。

可以想象一下，如果小甲因为"父母已经改变不了，过去已成定局"，于是不再关注过去这种失望和期待，转而开始探讨未来怎么办，那样反而是变相承认了过去糟糕的自我感受无法改变，否定和回避了这些真实的感受，甚至可能是在建立新的防御方式以帮助自己防御失望的感觉。

小甲这么想的背后其实有一种未能明说的心理暗示：只有父母满足了自己的期待，自己才有可能释怀，才有可能和他们和解，不然就永远不可能走出过去的痛苦。但想让父母理解到这一层是极其困难的事情，这无疑给他自己的人生套上了一个几乎解不开的枷锁。

束缚了小甲的关键在于，他仍把自己当作依赖父母才能生存的那个小孩，把他内心之中父母曾经让他体会到的感受与当下现实中的父母看成不可分割的整体，难以分清内心感受与现实处境的区别，从而磨灭了自己可以做出选择和改变的能力，被困在那个被动、无助的小孩中无法自拔。**而我们审视过去的目的很简单，就是为了看清楚自己是如何被困住的，被困在何处，如何才能更好地从中走出。**

其实，我们无须改变父母，甚至不用执着于在现实中原谅父母、与原生家庭和解，我们要做的只是区分自己内心的感受，识别出那个受过去经历影响而习惯性地挑剔、指责，或是否定、忽视我们的内在父母①，明确这个部分带来的痛苦感受，就能够自然而然地去寻找更温柔地对待自己的可能性。

毕竟我们已经长大了，往后的日子开心与否并不取决于父母，而是取决于我们自己。

认为过去已成定局，于是逃避过去的痛苦经历，一味追求未来的人，可能会因为过分关注某一部分而忽略了另一部分，可能会因为割裂人生而无法解决人生中出现的一些问题。无论是曾经经历过的，或是正在经历的，还是可能会经历的，都属于我们自己的人生。你可以往后看，也可以往前看，更可以聚焦当下，而目的就是让自己更自洽、更适应，找到更多的力量和信心去面对自己的人生。

站在主动选择的立场上看，你会发现——

当下的每时每刻，都将成为过去的一部分，所以过去并不是固定不变的，因为我们时刻在创造过去。

同样，未来看似不确定，但我们当下的每一个行为、每一个选择，都在逐渐让不确定的未来变成确定的已知，未来是可以选择的。

---

① 内在父母是指像父母一样关爱自己，帮助自己理性判断、处理问题的一种内在形象，它往往和一个人的责任感、理智、控制力等相互联系。

走进过去，重新体会那些痛苦，是很艰难的事情，并不是说我们一定要立刻把自己拉进过往的痛苦之中，而是应该积累足够多的勇气，当我们敢于面对那些曾经让自己痛苦的事情时，能够在内心给自己一个重新看待它的机会，去感受和消化它——保留下曾经积极的部分，减少过去消极的影响。整合自己的过去、现在和未来，从更加完整的视角来看待自己的人生。

不成熟的父母如何影响孩子的内在自我？

在了解了审视过去的重要性后，我们需要进一步分析父母如何影响我们的内在自我，这可以从父母对自身情绪的处理方式和父母对孩子的关怀两个部分来看。

当父母处理不好自身的情绪时，孩子会被迫承接情绪以满足父母的需求，那么孩子的内在空间就会被侵占。我们可以先来看一个案例：一个上初三的男孩在父母的陪伴下来到咨询室，主诉是嗜睡、厌学。他给我的第一感觉就是不像一个初三的学生，在这个正值青春期的年龄，他却没有表现出青春期阶段孩子们通常会呈现出的特征——更加独立，叛逆，在乎和同龄人之间的关系。他的表现就好像学龄前的儿童，还完全没有独立的尝试，仿佛躲在妈妈的庇护下才是他唯一愿意的事情，恐惧和害怕充满了他的内心。而在描述学校同学和老师的行为时，他也充满了委屈，遇到任何困难首先表现出的都是退缩，仿佛希望我能像妈妈那样为他打抱不平——他在通过示弱的方式寻求支持和保护。

了解更多之后我才知道，他的妈妈为了照顾他辞去了工作，生活几乎只剩下了照顾孩子。他的咨询是妈妈约的，此前妈妈就他嗜睡的问题带着他多次去医院做检查，没有查出器质性的问题，又去了几家医院的精神科做检查，但精神科也说没有太大问题，他的妈妈很焦虑，于是又约了心理咨询。可以感觉到，他的妈妈生怕他出事。其实不只是嗜睡这件事，平时他说学校的饭不好吃，妈妈就会给他送饭；他不想写作业，妈妈就帮忙写；他不想上课了，妈妈就亲自把刚上了半节课的他接回家。

"孩子依赖我""孩子离不开我"，对这位妈妈而言，这不仅是她价值感的来源，更是她的情感寄托，甚至可以说是一种精神支柱。

这对母子的案例非常典型，我们可以借此了解父母如果处理不好自身的情绪，会给孩子带来怎样的影响。

1. 不得不满足父母的需求

对于孩子而言，他能够感知到妈妈的不安和情感需求，并且会持续地表现出与年龄不相符的退缩、害怕和恐惧，放大自己的痛苦，以寻求和妈妈之间的亲密联结——"如果我的问题都可以自己解决、自己面对，妈妈怎么办？"这是他与妈妈情感联结的方式。当然，孩子往往很难意识到自己行为背后的这一层含义。除了满足母亲的情感需要，他没得选。

2. 被父母的情绪体验所支配

妈妈看似很听从咨询师的建议，沟通的时候也总是点头"你说得对"，但私底下却问我孩子奶奶最近在家情绪不好，是否会影响到孩子。在面对面咨询的时候，孩子的妈妈并没有谈及奶奶，却在私下发信息给我，显然是不敢让孩子爸爸知道自己对奶奶住在家里有意见。

孩子的妈妈深陷在对丈夫的畏惧和对婆婆敢怒不敢言的委屈中，她没有工作，没有其他精神追求，深陷在对身边关系的无助感里，而这样的她对于孩子而言却是唯一的重要关系。她感到委屈和紧张的时候，孩子也能体会到同样的不舒服，于是有了相应的行为表现。当然，其中不排除奶奶会以自我为中心影响孩子的可能性。但孩子和妈妈一样害怕爸爸，和妈妈一样反感奶奶，表述自己的咨询问题时也和妈妈说的一样，这就很难不让人怀疑——他对事物的看法和感受已经深受妈妈的影响，被妈妈的情绪所支配。

3. 认同父母对自己的看法和判断

孩子需要有人爱自己、相信自己，才能逐渐明白自己值得被爱，逐渐建立起自信心。

但在这个男孩和父母的关系中，他体会到的是强烈的恐惧和不安。父亲直接否定他的嗜睡，认为他在装病逃避；母亲担心他出问题，担心他无法应对学校的事情，需要自己帮忙；没有一个人相信孩子自身的能力。在这种不信任的关系中，孩子也逐渐失去自信，认为自己无法处理和面对任何困难，转而事事依赖父母。

4.过分在意别人的看法

在整个咨询过程中，这个初三的男孩说话都显得过于谨慎，当我问起的时候，他说"怕让门外的父母听到"，但当我说可以让父母出去走走时，他又拒绝道："不用不用,不想麻烦他们。"

简单的一件小事，却不难发现他非常在意父母的感受，宁可忍受对自己咨询的影响，也不愿让父母移步或回避。他自身的存在感非常低，生怕自己的存在给父母添麻烦。他来咨询的目的是化解妈妈的担忧，而在咨询的过程中，他既不想给父母添麻烦，也不想让父母听到。因为一旦父母听到，爸爸可能就会生气，妈妈可能又会担心，而他不想让他们操心。

可想而知，如果他继续这样成长下去，之后很可能会过分在意别人的看法，因为别人的评价、情绪或者要求而过分紧张、畏缩、担惊受怕。

这个男生的父亲可能存在暴力倾向，他需要用暴力来维护自己的权威，孩子不得不表现出顺从甚至是畏惧，以满足父亲对权威感的需求；而母亲的不安全感很强烈，她渴望值得信任和依赖的关系，孩子就成为她情感依赖的对象。孩子的各种表现，其实是在想方设法地满足父母内心的情感期待与要求，因此抑制了自己心理层面正常的成长与发展。

＊　＊　＊

如果父母内心没有足够的空间去尊重、关注和理解孩子的内在体验，很可能会导致孩子无法学会尊重和关注自己的感受，从而远离真实的自我。

我们可以通过小桦的案例来理解。近一年的时间里，中等个头的小桦体重增长了近30斤。她已婚，育有一个6岁的孩子。这段时间，新领导对她的工作和生活有很多侵入性的干涉与控制，她很不舒服，却不知道能做什么。她来到咨询室说自己心情不好的时候就会吃东西，有时候不饿也吃，甚至不过脑子地往肚子里塞。显然，吃东西是她防御痛苦感受的一种方式。于是，她在医院接受治疗的同时也找我做咨询。

在她的回忆中，小的时候，每次父母吵架，自己就被夹在中间。父母吵架正凶的时候会拿她出来说事儿，"要不是因为孩子，我就跟你离婚"，或者一边摔东西，一边气愤地对一旁吓呆的她吼道："以后你找对象一定别找这样的，听到了吗！"或者其中一方离家出走，另一方却让小桦去追回来。父母情绪不好的时候都对着她诉苦，要求她的倾听和理解。

小桦的父母就像孩子一样，总需要小桦反哺般地去照顾他们，这让小桦比同龄人更懂事、更早熟，但长大后的她却总是难以体会到快乐。她的父母难以给她内心所需要的在意和关爱，这也在一定程度上导致了小桦暴饮暴食的行为。接下来，我们具体来看无法给孩子尊重和理解的父母会对孩子的内心发展带来怎样的影响。

1. 忽视自我的真实感受

父母在争吵中的态度明显不顾及小桦的感受。在父母情绪激烈的时候、情感失意的时候，他们的世界就只有他们自己，甚至他们需要利用小桦来排解自己的情绪。但这对于小桦而言是实实在在的创伤性的体验，她的需求被无视了，她被迫表现出成人一般的懂事，去照顾父母的感受。

从象征意义上看，吃东西象征着满足自己的需求。小桦这种极具象征意义的行为，恰恰说明了她是多么渴望内心的需求能够被看到、被满足。她说小时候经常梦见自己被坏人欺负、被伤害，想喊救命却发不出声音，身边的父母好像什么也没发生一样，听不见她的呼救，她又着急又绝望。从释梦的角度看，身边听不到她呼救的父母其实已经成为她内在自我的一部分，成了忽视她内心真实感受的内在父母。父母吵架的时候，小桦其实非常害怕，她需要有人安抚自己暴露在暴力争执中的恐惧，需要有人缓解她对家庭稳固性的不安，需要有人告诉她"这不是你的错"，但她的父母却完全没有这样的能力，只会宣泄自己的情绪，然后要求小桦安抚他们，小桦的真实感受总是处在无法被满足甚至被忽视的状态。

2. 否定自己的一切

在咨询中，小桦委屈地讲述道："小学的时候，我爸知道我和班上最调皮的同学同桌，还给老师写过信，想让老师把我们调开。后来有一天他提早来接我，在我们班门口看到自习课上我跟那个调皮的同学在玩闹，就直接冲进来当着全班同学的面给了我一巴掌，说'你真没出息'，然后气势汹汹地走了。在那之后，我们班的同学都挺瞧不起我的。而且老师知道以后也很不负责任地说'既然你爸要管，我就不管了'。后来我在学校被同学欺负了，老师也不管我，我爸妈不但没有站在我这边，还责怪我说一定是我错了，让我学乖点，不要给他们找事儿。"她说当时的感觉就是自己又犯错了。

大人的羞耻感和以自我为中心，让他们无法看到小桦内心的感受，爸爸觉得"丢脸"其实是爸爸内心的感受，但他被这种羞耻感所淹没，以至于根本没有空间去想小桦这么做的原因。让他感到丢脸了，他就要消灭这种羞耻感，于是当众打了小桦，把自己内心体会到的羞耻感转移到孩子身上。在小桦的经历中，老师也将对家长的情绪转嫁到了她身上。

父母不关心小桦被欺负，只是在乎自己麻不麻烦——他们把自己的需求放在首位，并不关注小桦的感受，甚至会因此伤害她，但小桦认同了养育者给自己的投射——自己和调皮的同学玩是自己不对，给爸爸丢脸是自己不对，被同学欺负也是自己给父母惹了麻烦。

"我去医院看病的时候，如果忘了问医生什么，都不敢再回去跟医生说话，担心他们情绪不好，会拒绝我。但我又会觉得这样的自己很窝囊，连跟人说句话都不敢。"她在与人相处中会习惯性地觉得自己做错了，但同时又会因为自己的害怕和畏惧而责怪和贬低自己。来到咨询室，她又会觉得自己很糟糕，咨询了这么久都没有好转。在这种无限循环的自我挑剔和自我责怪中，她陷入了一种"不论说什么做什么，都是自己不对"的思维怪圈。

3.过分依赖他人

"小时候我要拼一个玩具，如果被我爸看到了，他就会说我笨，然后抢过玩具很快拼好，对我炫耀说'你看爸爸厉害吧'，我当时真的会觉得他很厉害。遇到问题的时候，他总是会说我的办法不行，应该听他的，总说'不吃老人言，吃亏在眼前'。家里的事情我只要发表意见，父母就会说'你一个小孩儿懂什么，不该掺和的就别掺和'，从来不听我的想法。我就习惯性地觉得自己不行，不如听他们的。"

和那个初三的男孩遇到任何问题都想退缩、依靠妈妈来解决一样，小桦依赖别人、轻信别人的性格或许就是在这样的过程中被塑造出来的。

对于内心缺乏安全感和自信心的一类父母而言，他们难以接受孩子是独立的个体，因为孩子的依赖能够给自己带来成就感，所以他们不愿放手，更不愿尊重孩子的独立。他们下意识地"创造"出无条件信任、依赖、崇拜自己的孩子，来满足他们内心久久未被满足的被认可、被肯定的需求。

而缺乏自信心、不得不依附父母长大的孩子们，到了需要依靠自己双腿走路的年纪，并不相信自己，只能选择依附于他人，或者无助地哭喊"没有人来帮我，没有人来救赎我，我过不下去了"。

4. 难以表达负面情绪

小桦暴饮暴食的直接原因是新领导对她的工作和生活有很多侵入性的干涉与控制，她很不舒服，却不知道能做什么。例如，在一次搬工位的时候，领导嫌她搬得慢，还有很多书没有搬走，就让她直接用宽胶带缠上书一捆捆拎走，她担心胶带撕下来的时候会把书也撕坏了，领导无视她的担忧，甚至直接上手捆上宽胶带就把她的书往办公室外面扔。

她说自己当时就像被"洗脑"了一样，只会服从，被动地接受。但几天之后，她会反复想起这件事，既委屈又愤怒，后来就开始暴饮暴食，甚至会朝孩子发脾气。从小经历不开心的事情时，小桦的负面情绪就没有被看见过，甚至当她表现出不快时还会被指责，所以在长大之后，她甚至难以觉察或命名这些让自己不舒服的感受。暴饮暴食可以理解为她难以表达的负面情绪通过行动的方式外化了出来。

在领导这件事上，她的感觉是和过去父母对待自己的方式很像，甚至她的丈夫对待她的方式也是这样。她很痛苦，却不知道自己能做什么。在咨询中，她也总是表现出"乖巧、懂事"的样子，难以表达对我的情绪和不满。

5. 不知道自己想要什么

小桦回忆小时候逛商场时，她想学着大人的样子翻看漂亮的衣服，但每当她摸到衣服的时候都会被爸爸训斥，"不许乱动人家的衣服，你又不买，应该规矩一点"。

这种情况在她小时候经常发生，她已然习以为常，甚至不逛街的时候也会很紧张，时刻想着自己应该做什么、不应该做什么，完全不能自在地去挑选和尝试，因为她的心思都在"自己有没有犯错"上面。

她来咨询室时总是穿得很简单，我问她平时喜欢什么风格的衣服，她也说不上来。在和别人相处的过程中，她总是在想别人期待什么，为此紧张纠结，却从没想过为自己的愿望和需求做出维护和选择。

我问她喜欢现在的工作吗，她说也谈不上喜不喜欢，家人觉得女孩子应该找个稳定点的工作，她就考公务员了。甚至在要孩子这件事上，她也是觉得到了年龄应该要就要了，没有想过自己到底想不想要孩子。

但在生活中，她总觉得很累，上班经常迟到，不想起床，有时候甚至不想看到孩子。

这些有着抑郁倾向的表现可能都因为她长久以来的真实感受被压抑和忽视，她难以觉察和维护自己的真实需求，在没有人"听到"自己的绝望中，她逐渐丧失了对生活的期待。

在小桦的案例中，我们可以清晰地看到内在自我对一个人生活的影响之大——她习惯性地否定自己，忽略自身需求的内在父母让她缺乏自信，缺乏对自己的关注和坚持，于是她的人生选择容易被外界的种种要求或评判所影响，就连结婚、生育这样的人生大事，她也并不清楚自己的意愿，都是在被催促的要求中被动做出决定；而在婚姻关系、工作关系中，她也总是被动服从，被丈夫、领导强势地主导着大事小事。

一直以来，她的内在小孩被严重忽视，被工具化地利用，她感到痛苦、压抑、不满足，但也难以直接表达愤怒和不满，只能通过疯狂吃东西来象征性地满足自己被忽视的内心，通过对孩子发泄情绪来转移愤怒，这不但难以真正缓解内心的空虚和压抑，还可能会给孩子带去心灵的创伤。

发挥内在观察者的力量

从初三男孩、小桦的案例中，我们可以看到不成熟的父母是如何影响孩子的，甚至这种相处模式会在孩子成年后的生活中持续作用。究其背后，父母对孩子的影响在于限制了他们内在自我的成长。

更细致地来说，内在自我可以分为内在父母、内在小孩，以及内在观察者（也称观察性自我）①等几个部分。其中内在父母和内在小孩必然和成长经历中的重要他人有关，也必然会留下原生家庭的痕迹，它决定着我们感受世界、感受他人、感受自己的方式，影响着我们生活的方方面面，包括对已经发生之事的理解、对未来的预期和担忧，也包括我们对正在经历之

---

① 无论出现什么想法、意象或感觉，你总有一部分独立于它们之外，这个部分能够"退后"去观察发生的一切，因此被称为观察性自我。

事（如婚姻关系、生育过程）的体会，甚至还会影响到我们对孩子的教育，以及孩子内在世界的建构。

而内在观察者是一个可以改变或调整内在父母与内在小孩关系的角色，是一直存在于我们内心的一泓活水，观察者让我们的内心有被看见、被改变、被完善的机会。作为有独立自主意识的成年人，如果我们已经观察到、意识到内心存在某种长期影响自己的潜在问题，或已经觉察到内在自我的痛苦与不安，那么为了不让固有观念继续影响我们的生活，继而影响他人或孩子，我们就需要发挥内在观察者的力量，重建新的内在自我，去探索和建立我们所希望的感受自己和他人的方式。具体而言，我们可以从以下几个方面着手。

1. 自我保护

小王一直以来都在经历被排斥的痛苦，从小学到中学，从大学到工作岗位，她都没有从被排斥的感觉中走出来。在咨询中，她表达了对一个单位同事的愤怒。

小王所在的项目一共有三个人，另外两位共事者是亲戚关系，他们在工作中相互偏袒，把吃力不讨好的活都推给小王，这让她非常愤怒且痛苦，甚至工作受到严重的影响。这种愤怒其实就是一直以来被排斥的感觉。她一直渴望能够融入一个群体，但这次又失望了，她决定想办法维护自己。她找到上级领导反映此事，也在明里暗里表达自己的不满。虽然关系闹得有点僵，但这种尝试对她而言是第一次——过去的她只是默默接受，然后陷入自己很糟糕、不被人喜欢的自我嫌弃中，或者陷入委屈和愤懑中反复咀嚼痛苦。而这一次，她选择了维护自己，把委屈和愤怒表达出来。

当她敢于采取行动维护自己，直接表达愤怒，去对抗那个让她不舒服的人时，她发现了自己的力量——是的，在这个过程中，她找回了维护自我的勇气，尊重了自己的委屈，表达了痛苦和愤怒，并且保护了自己。在这种尝试中，自我保护让她尊重了自己的感受，肯定了自己的力量，理解了自己的敏感，得以从那种被排斥的困境中走出来。当然，她的愤怒其实有很大一部分是一直以来积压的情绪，当她意识到这一点时，她对同事也就释然了许多。这就是她的成长；敢于维护自己，是她走出压抑和痛苦的一大步。

在她内心深处，这个同事就代表着曾经总在伤害她的那一类人，而这次她有勇气和他们战斗了，她感受到自己变得更重要了。

心理治疗中有一种疗法和这个过程非常类似，叫作空椅子技术，就是在来访者面前摆一把空椅子，假设曾经影响他最深的人就坐在这把椅子上，他想对对方说什么。

其实在我们生活中反复出现的某种情绪，可能被我们投射了过去的影子，诱发情绪的对象很可能是坐在空椅子上的那个人。只要你能意识到，那么这就是你表达情绪、改变自己的机会。曾经的你不敢表达愤怒，现在你表达了；曾经的你害怕被打击，但现在你不在乎了。你明白了对方给你的打击是他自己对世界的负面感受，而你可以拥有不一样的积极感受。

2. 自我同情

小李回想起小时候被戏弄的事情："一个哥哥说'如果你一屁股坐进那个臭水坑里，我就给你一元钱'，那时候我啥也不懂，就坐进了水坑里。现在想想真的特别生气，但我当时竟然还开心地拿着一元钱回去了。我觉得自己当时真的好傻。如果放在现在，我肯定不会这样做，还会骂那个哥哥缺德。"

这些生气的感觉、心疼自己的感觉，其实都是在保护过去的自己。虽然事后想到的办法难以改变已经发生的事情，但这个发生在内心的过程就是在安慰过去的自己，在拥抱和保护过去的自己，就是在觉察和培养对自己的爱，对自己内心需求和尊严的肯定与维护。这个过程对于改善我们曾缺失或是被忽略的那部分自我非常重要——重建我们心灵深处保护性的、温柔的，能够尊重和珍视我们真实感受的内在父母。

3. 自我肯定

在小王的案例中，她总是习惯性地因为被排斥而愤怒，或者过于敏感，她所需要的成长就不是重复体验这种愤怒，而是意识到这种情绪来自过去无法释怀的某种感受的堆积，意识到自己愤怒的原因——为曾经受欺负的自己打抱不平，曾经受的伤还很痛，还在影响自己。此时，就算陷入愤怒也只是徒增自己的烦恼，持续体会自己不被喜欢的痛苦。她要学会的是关注曾经的伤痛和委屈，安抚和拥抱那个曾因此受伤的自己——看到自己值得被喜欢的地方，比如善解人意，内心细致敏感，富有创造力，看问题深刻，等等。

当你能够发自内心地肯定自己的诸多优点和美好之处时，别人的评价和攻击就不会再轻易地伤害到你了。

虽然可能在成长经历中，父母没有给我们渴望的关爱和照顾，但已经长大的我们可以尽力去觉察自己内在的感受，尝试满足自己的内在需求，通过自我照顾的方式找回对自己的爱。

重建内在自我

分离与独立

从内在自我的形成来看，那些被嫌弃甚至被抛弃的内在小孩其实都习得了父母对自己的负面看法和感受，并且认同这些感受，进而逐渐出现了负面的自我认知和他我认知[①]。

但其实认同这一切有一个前提——你只能依靠父母，无论是看待世界的方式、生存下去的机会，还是对关系的态度，作为小孩的你只能依靠他们。

如果我们像上节提到的来访者小甲那样，认为只有父母改变、道歉，与父母和解，或者被父母满足，自己才能走出过去，那无疑我们会被困在过去。虽然我们有着这样的心结，但我们早已不是曾经的那个小孩，父母也早已不是当年的他们，我们要走出的只是这个存在于我们内心的结。

---

① 即自己认为的别人眼中的自己。

因此，想要走出这个结的前提就是承认自己的独立。这个独立包括物质上的和心理上的。当然主要是心理上的独立，但物质上的独立更具象化，更容易尝试，即在现实层面离开父母、独立生活。物质上的独立也能够更好地帮助我们理解和找到心理层面的独立感。

而想要实现心理层面的独立，其关键在于：明确自己和父母之间的边界感；在沟通和尝试中理解父母的局限性，感激他们曾给予的好的部分，接纳和哀悼未被满足或是受伤的、遗憾的部分；理解自己当下的痛苦和需求，充分发挥自我的主观能动性，从自己可以接触到的世界中寻求慰藉和满足。

只有当我们走出了父母所建构的世界，才能够更清楚地看到父母对我们的影响；只有当我们能够根据自身的感受和需求做出独立的判断和思考，才能够重建自己想要的人生。

独立意味着独自承担更多的责任，承受更多好的和不好的结果，但独立才是我们成长的必经之路，它将为我们打开新世界的大门。

在物质上，你可以去追求你想要的东西；在精神上，你可以给自己想要的鼓励和肯定，给自己温柔的拥抱。你可以学习和了解新的看待世界的方式；了解别人的人生；寻找你欣赏的人，去追逐和成为你心中的榜样，甚至超越他们。你可以重新通过自己的方式去看待人际关系，去处理关系中的问题。这些都可以不再局限于父母的方式，独立的你可以有自己的思考和学习能力，有权利去选择自己想做的事，承担自己选择的重量，建立自己希望的关系，发展自己渴望的品质，追求自己热爱的生活方式，塑造自己的人生。

当你能够靠自己的双脚站立，从跌倒的低谷爬起，走向你渴望去的地方，做出自己的判断，承担自己选择的结果——你就离自己越来越近了，你的内心小孩就在成长和进步，在提升维度，不再是会被谁所定义的那个小孩，而是有能力不断变化，不断成长，不断成为你想成为的和你选择成为的全新的独立自主的人。

如果你的生活中反复出现某种会让你产生类似情绪感受的事件，那么说明你内心深处某种心结影响你比较深，这种心结导致的反复出现的痛苦体验叫作强迫性重复。强迫性重复不仅影响我们的人生，在我们的人际关系中反复出现，往往还会在代际之间传递，在原生家庭中通过亲子关系传递给孩子。

因此，觉察自身的关系问题，走出强迫性重复，是还自己自由人生、减少创伤代际传递的重要尝试，也是分离与独立的重要一步。想要走出这种强迫性重复，首先就需要我们对这些类似的痛苦感受进行反思与觉察，发现其中类似之处，归纳总结，找到其背后的核心感受，从而标记某一类诱发你特定情绪的事件，保持警觉。

比如在上一节中提到的小王，从小到大，每次让她受伤和痛苦的事情，几乎都和被群体排斥有关。小学被同学排斥，高中被班里女生排斥，大学在宿舍里没有被舍友们所接纳，都是她最介意的事情，工作中其他成员的偏袒行为又一次让她感觉自己在团队里被孤立；和同学朋友一起吃饭时，她也会特别在意对方是否接纳她、是否愿意和她做朋友，甚至她会反复想、反复琢磨，深陷其中。这些事情都指向同一种感受——"大家不喜欢我"。那么当这类事情再一次发生的时候，小王就需要标记和警惕，自己是否又会陷入被排斥的痛苦，或者将同类事情做横向比较。

如果小王又一次不得不面对项目中有关系的两人相互偏袒的情况，那么她需要提前预期自己可能会出现的感受，并且验证自己的这种感受是否合理，减少不必要的情绪输出。比如，她很可能会觉得两人都在排斥她，或者两人都讨厌她，在故意孤立和伤害她——这些都是让她愤怒和痛苦的原因，但这些想法是否真的在现实中成立呢？

她可以通过假设条件来验证：如果项目中还有第四个人，他们会怎么做？他们真的针对自己、讨厌自己，还是只想彼此偏袒？或者她也可以提前想一些自己能做的尝试来验证对方的实际态度：如果她表达出平均分工的意愿，或者拒绝对方的提议，对方是否会改变做法？

如果对方并未像她预期的那样伤害、排斥、攻击她，那么她也完全没有必要过于紧张、敏感，以至于表现出愤怒、暴躁的情绪来。

我们最担心的结果就是在反复试探和验证之后，发现对方真的在针对自己、排斥自己。在这种情况下，我们可能会因此受伤、愤怒，不断闪回到过去的伤痛中，反复咀嚼痛苦——这是我们不愿看到的。所以在发生之前，我们不妨为自己最担心的结果提前做好准备，包括心理层面和现实层面的，维护和拥抱曾经受伤的自己。

比如在心理层面，小王可以提前思考一个问题：如果对方确实表现出了合伙排斥自己、针对自己的情况，自己就真的是很糟糕的人吗？真的就应该被攻击、被戏弄、被伤害吗？如果不是，那做错的就是对方。在现实层面，小王同样可以提前做好准备：如果确定对方在工作中搞小团体，公私不分，拉帮结派，那么小王就有充分的理由通过合理途径举报或者向领导反映，为维护自身利益和制度规则做出反击。

此外，我们也可以通过改变来走出强迫性重复。当然，改变通常是循序渐进而非一蹴而就的。我们可以设立合理、可行、可实现的目标，把大目标细化成小目标，一步步来，记录和肯定自己的成长。

一位深陷施受虐关系的女性，每次谈恋爱几乎都会遇到有暴力倾向的男性，她的目标如果是下一个男朋友温柔贴心、从不发脾气，或许也很难实现。她可以从觉察自身成长经历的创伤、喜欢的异性有怎样的特点、相处过程中发生了哪些事情导向了暴力结果等问题入手，只要弄清楚一点就记录下来，当她弄清楚一个又一个小问题，再综合起来反思时，或许就能更深刻地理解问题所在。抑或她可以从明确观察到的行为指标入手，比如：原谅第一个男友 10 次才分手，原谅第二个男友 5 次就下决心分手了；上次在被家暴的时候甚至觉得自己错了，但这次有了愤怒的感觉，并且求助于外界，或者其他维护自己的具体尝试。这就是自己巨大的进步。

当我们能够记录并明确自己的每一个进步时，我们都在坚定自己会好起来的信念，都在踏踏实实地离心中的目标更进一步。

最后，需要再强调的是，我们应保持主动改变的心态，并明确自己的目标。当我们主动想要改变时，才会去寻找解决办法，才会不断提醒自己、鼓励自己，尝试各种努力和方法去实现我们希望的改变。强迫性重复的背后往往有着对自己的怀疑和负面看法，不断提醒自己想要达成的目标是"坚定对自身的看法，少受他人影响"，我们在努力的过程中就能持续地强化这一点。

探寻真实的渴望

痛苦就像一种帮助你察觉自身的信号和警报。如果你被火灼伤了，感到疼痛，你就会对火有所认识，下次遇到就会躲避，不再让自己受伤；如果你在运动中摔倒，感到疼痛，你就会学习如何保持平衡，做出更稳健安全的动作。但如果你感受不到疼痛，就不会畏惧任何危险的动作，那么你随时都有可能让自己受到严重的伤害而不自知。你总是可以从疼痛中习得什么，身体上的疼痛如此，内心的痛苦同样如此。

内心的痛苦就像一面镜子，能够映照出我们内心的需求和渴望。比如总是服从、听话的小桦，她压抑自身的需求，体会着被忽视、被欺负的委屈和痛苦，却能换来别人的满意——这就是她想要的，她渴望被认可、被肯定、被关注。这是曾经的她在和父母的相处中最强烈的渴望，而对于不成熟的父母而言，服从、满足他们的需求就是获得认可和肯定最有效的方式。只不过小桦将这种方式沿用到了现在，成了一种维持关系的习惯。但这种渴望消失了吗？并没有。只要她有被压抑的痛苦、被抛弃的恐惧，就有被认可、被喜欢的渴望。如果"服从"这种方式已经成为一种阻碍，那么她完全可以寻找其他方式来追求被认可、被喜欢的感觉。

当你愿意直面内心的痛苦感受，尝试表达出你内心深处的恐惧和担心，你就离自己真实的渴望更接近了——而这些渴望正是你力量的源泉。

存在主义文学大师阿尔贝·加缪（Albert Camus）的《鼠疫》中有这样的对话：

"谁教会了你这一切，医生？"

脱口回答："痛苦。"

家喻户晓的心理学家阿尔弗雷德·阿德勒（Alfred Adler）从小常常患病，脊椎病让他自幼驼背，行动不便，五岁时甚至险些死于重病，但他因此立志成为医生，后来开创了个体心理学流派，还创作了《自卑与超越》，影响了无数人。

我还记得一位高中同学，他从小患有青少年糖尿病，每天肚皮上都挂着针头，每次吃饭前给自己打一针，这种痛苦指引着他成了一名中医大夫，帮助自己，也帮助别人。还有一位来访者在上学时期因为老师的歧视与态度被全班同学排斥，受到了严重的心理创伤，而她长大后却决定做一名老师，因为她深知学生内心的感受和渴望，她要做一个不一样的老师。

我们身边有很多人何尝不是体会到不便和痛苦之后才发现了内心的渴望，在无数次探索和失败后终于得到了满足，达成了愿望。痛苦是命运给我们的启示，你不需要感谢让你痛苦的人，但你需要在痛苦中站起来，在这样的机会中收获领悟和成长，更好地活下去。

反观我们身处的社会，为你看诊的大夫可能就是曾经饱尝自己或身边人病痛之苦而立志救死扶伤的人；你的老师或者你的孩子的老师，可能就是在教育中经受挫折而想用自己曾经期待的方式给予孩子更多关爱和守护的人；你看到的电影可能就隐藏着作家、编剧和导演对社会疾苦的理解以及对美好的期待。

我们的世界不正是由这些面对艰难与痛苦时能够勇敢站起来，通过努力去寻求自己渴望中的美好，创造期待中的幸福，不断解决问题、迎难而上的人们构建起来的吗？

在小桦的案例中，她从小为了获得父母的关注和认可，像大人一样照顾他人的经历，让她更加成熟，更懂得察言观色，更能体察他人的情绪变化，这让她在工作中能够比别人更准确地把握客户的需求，更好地维护与客户之间的关系；而对他人评价的在意，也让她在同事之中人缘很好。这些都是她在过去的经历中习得的，对她的生活也有所帮助。

在小说《余罪》中，男主角余罪缺少母爱，就像从小和母亲分离的那些孩子一样，他不信任别人，总是不守规矩，反复试探底线，不受道德的束缚。但正是因为缺乏安全感，他学会了用自己的方式理解别人的内心。因为不信任他人，所以他不容易被表象迷惑，锻炼出了能洞察真相的能力；也正是因为在"奸商"的环境下长大，他掌握了许多反诈的技巧，作为刑警在和罪犯斗智斗勇的过程中大有用武之地。

　　能够从过去痛苦或艰难的环境中成长起来，一定是有某种强大的自我保护的力量在起作用，而这种力量中一定蕴含着我们曾经为了生存而习得的顽强且坚忍的一面，这点就值得被现在的自己心疼而欣慰地拥抱。那些在夹缝中成长的过程所留下的痕迹、习得的技能，都是我们生命力的体现。只要是对现在生活有用的、有帮助的，何尝不能保留下来、发扬光大呢？

　　放下过去并不意味着要切断过去或是抛弃过去，过去有着我们真切的渴望，更有着我们为了生存下来而锻炼出的优势。当我们能够清晰意识到自己所拥有的，珍惜和发扬这些珍宝的价值，为了实现内心的渴望而改善和调整那些曾经为了生存而习得却阻碍当下发展的认知与行为模式，那么眼前的人生将会在很大程度上被肯定和接纳，能做的事情、值得期待的事情也会逐渐增多。

　　除了对过去的探索和反思，我们也可以通过对未来的期许了解自己内心真实的渴望。我们可以充分发挥想象力，通过象征性的意义了解自己的内心。你可以尝试回答以下问题。

　　1. 如果有时光机，你想回到曾经经历过的哪个瞬间？

　　2. 如果有后悔药，你最想改变的是什么？

　　3. 如果可以重生成为别的生物或非生命体，你希望自己成为什么？

4. 7（也可以是其他 10 以内的数字）年之后，你想成为什么样的人？

5. 你当下最想做的事情是什么？

6. 你期待的爱人是什么样的？

7. 你期待的好朋友是什么样的？

8. 你期待自己有怎样的成就？

9. 描绘一下你渴望的生活。你还可以做点什么，让生活离你想要的样子更近？

10. 生活中哪些事情能唤起你心里的火和眼里的光？

11. 你觉得当下的生活中有哪些触动你的幸福瞬间？

12. 其他让你心动的事情：_____

　　这些事情的背后都有着你的渴望，你关于过去、现在和未来的各种情绪体验。当然，你也可以尝试把这些问题排序，把影响最大的排在前面，影响较小的排在后面。只要你真诚地作答，就会发现自己在意的东西和重要的情感。被你排在靠前的那几个问题的背后，可能就藏着你最强烈的渴望。

　　当然，如果你不确定自己想做什么、喜欢什么，你也可以不断学习和尝试，去了解别人的人生，去寻找自己欣赏和佩服的人，那些人身上或许有你渴望成为的样子。

　　你可以在尝试或体验做某件事之后，写下你做这件事的感想。同样，你也可以在与别人相处和交流之后，记录下你对这个人的感觉。在感觉最好的那一刻将其记录下来，可以让感觉停留得更久。

　　其实类似的方法还有很多，比如绘画、写诗、唱歌等艺术表达的方式，都能够更清晰地把我们内心的感受和想法表现出来，让我们自己觉察到。

　　在各种尝试、观察、体验中，让我们感觉好的、感兴趣的、喜欢和欣赏的事物，背后都隐藏着我们内心的某种渴望和热情，这些渴望和热情能够帮助我们从机械与疲惫中解脱出来，指引我们前进的方向。

　　过去的经历在塑造和影响着我们，但同样也在指引着我们了解过去、接纳过去，而这些也是为了更好地了解我们自己，更确定自己的问题，发扬自身的长处。拥抱经历了这一切的自己，也能够明确自己内心真实的渴望，从而真切地活在当下，坚定地开启新的旅程。

第六章　激活感受幸福的能力

如果说生养孩子是传递幸福、传递爱的过程，那么父母首先在自己的人生中体验到幸福和爱就成了一件十分必要且关键的事情。而在幸福的体验中，对自己的认可以及对他人的理解和信任发挥着核心的作用。当我们能够活好自己、享受关系时，就能有更充足的力量面对生育这件事。

在关系中寻求幸福

不安全的关系是幸福"杀手"

"别人觉得我们家有钱，但其实我也不容易，他们都不懂我，我好孤独。"来访者阿花叹气道。

在日常生活中，其实许多人并不缺乏资源和支持，他们看上去拥有了一切，却感受不到幸福。

为什么会这样呢？他们感受到的是什么呢？可以总结为阿花所说的——内心的孤独。这种孤独和我们常说的"独处"有本质上的区别，这种孤独是一种无人理解、无处安放的痛苦。

曾有学者提出，心理创伤的核心体验就是"在难以忍受的痛苦情绪中感到孤独"，这种创伤往往来源于成长过程中不安全的依恋关系，它让我们在内心深处难以信任他人，难以在其他关系中寻求到慰藉和安全感，从而在糟糕的关系体验中兜兜转转，难逃孤独的牢笼。[①]

在不安全的依恋关系中，不成熟的父母们往往缺乏对自身情绪识别和反思的能力，即心智化能力，因而也难以察觉和理解孩子的情绪体验，给予孩子的反馈与回应也难以同调（比如孩子哇哇大哭的时候，父母却因为心情不好不予回应，而当孩子需求过去了，父母的兴致却高涨起来，积极给孩子喂奶、换尿布等），导致孩子无法识别和表达自身的情绪和情感，尤其是在不开心的时候，感到混乱却难以表达，或者好的和不好的感受纠缠在一起，难以理清。不成熟的父母们往往在自己的情绪中难以自拔，甚至需要从孩子那里寻求依恋关系和被照顾的感觉，而这也往往会造成孩子内在空间被剥夺和被侵占，进而形成某种长期的心理问题。

孩子可能会用放大或者夸张的方式去表达痛苦，并且过分在意与父母之间的亲密关系，这在心理学中被称为矛盾型依恋；也可能表现为对别人的情绪情感信号相对冷漠，视而不见，即回避型依恋；或者其他依恋受阻的表现。

一个晚上，我正要走进一家饭店，只见一个年轻男子大步走出门口，板着一张阴沉的脸。一个年轻女子紧跟在他后面跑着，一边绝望地用拳头捶打男子的背部，一边尖声喊道："挨

---

① （美）乔恩·G. 艾伦. 创伤与依恋：在依恋创伤治疗中发展心智化 [M]. 欧阳艾茵，何满西，陈勇，等译. 北京：机械工业出版社，2022.

千刀的！回来，对我好点！"女子苦苦哀求男子回头——一边攻击别人，一边要求别人对自己好一点，旁人可能会觉得她真是太自相矛盾了，但其实这正是矛盾型依恋的典型反应：放大自身的痛苦体验，难以控制地通过攻击和伤害表达内心的痛苦体验，希望以此获取关心和依赖。

这也是很多关系不好的夫妇常见的相处模式：女方用愤怒和责备寻求更多的交流与沟通，男方在冷漠的退却和回避中渴望问题自动得到解决。双方都希望关系能好起来，矛盾能过去，但这种寻求爱的方式却把彼此越推越远。而这种方式正是我们在生命早期习得并且可能会持续影响我们一生的依恋关系模式。

当我们用伤害或冷漠的方式与亲近的人相处时，会给他们带来痛苦和畏惧。而这样容易淹没在伤害与痛苦情绪中的人是多少家庭中不成熟的父母，又让多少渴望关系、渴望温暖的孩子在孤独中瑟瑟发抖、固步不前。

不成熟的父母对孩子产生的影响是深远的。据现代神经生物学研究证明，人类脑中被称作"情绪脑"的边缘系统能够帮助人们感知外界环境安全与否，处理人们遇到的危险、紧急情况，其中"杏仁核"与"海马体"是两个重要结构，在孩子对关系的感受中起着决定性的作用。

"杏仁核"能够迅速识别和评估可能存在危险的信号，并且在极短的时间内（一秒之内）将其转化为躯体反应，这种反应是不经过思考的下意识反应。而体现在孩子的关系感受中，就可能有此类表现：父母打骂孩子之前总会皱着眉头，那么经常被打骂的孩子可能会把父母皱眉的动作"加工"成一种危险信号，之后每当孩子发现父母皱眉，就会害怕、逃跑，或者陷入紧张状态。长此以往，孩子可能在任何关系中都会害怕对方皱眉，甚至会直接被对方皱眉的动作激怒，因为那对他们来说意味着被讨厌、被攻击、被伤害的痛苦。

"海马体"能够起到调节的作用，它就像刹车系统，能够根据现实情境对杏仁核"警报"的真实性进行评估，比如观察到对方皱眉的同时在弯腰、捂肚子，从而判断出对方皱眉很可能是因为肚子疼，而不是要攻击自己。但是"海马体"的发育需要安全的关系，如果孩子长期处在危机的或创伤性的体验中，"海马体"的这种调节功能会被抑制甚至丧失，孩子就可能会不合时宜地对某种信号产生应激反应，严重影响其社交活动。

长期经历创伤性的依恋关系，很可能会让孩子把亲密和危险建立联系，总是在关系中感到恐惧和伤害，反应过度，很难信任他人或建立稳定的关系，在孤独中担惊受怕，难以发展出幸福的体验。

我的一位朋友便是如此。她从小目睹父母吵架，父母在激烈的争吵之后总是哭泣或离开，没有人给她多少关注和在意。在不断的受伤与被忽视中，她坚信亲密关系就意味着激烈的攻击与伤害，意味着超乎寻常的恐惧体验。尽管考上大学后她自食其力，摆脱了父母，但这种对亲近的恐惧却一直留在她心里。她对受伤很敏感，如果朋友有让她不舒服的地方，她不会直接说，但会默默减少联系。她在亲密关系中也有类似的表现，在一两次短暂的尝试后，她不愿再接触异性。如今，不安全感让她逐渐习惯了独自一人的状态：别人吵架了可以回娘家，我能去哪儿？一旦出了问题，结果是我难以承受的。于是她干脆远离亲密关系。站在她的立场，这么做确实有着充分的理由：对于一个不信任关系、容易受伤害的人来说，独自待着或许才是最安全的选择，尽管那种伤害更多可能是她的杏仁核中所记录的，远远超出实际的痛苦感受。

人与人之间的爱和联结是我们生命中非常重要的部分，甚至影响着我们的整个人生。阿德勒曾说"一切烦恼皆源于人际关系"。如果不敢去在乎任何人，或者难以信任和建立起相对深入的人际关系，内心的孤独就在所难免。

可以想象，当不安全感侵蚀着我们的内心，信任就会变得更加脆弱而危险；当恐惧与伤痛横亘在与人亲近的必经之路上，退缩就成了唯一安全的选择；内心饱尝着这种痛苦的人们，又怎么会愿意走进恋爱，建立更加稳固的婚姻关系，又怎么会有力量去面对生育孩子带来的各种变化，以及养育孩子过程中的复杂问题？

安全的关系是打开幸福的钥匙

那么，问题来了：难道感受不到幸福的人就只能孤独一生吗？还有被治愈的可能吗？

答案是肯定的。

研究人员发现，在心理治疗中重新经历既往创伤的患者，当他们置身于新的依恋关系的情境中，可以打造出大脑和心智之间新的联系。对于这些患者来说，在安全的情境中回忆和重新体验童年时的恐惧和伤害，可以逐渐替换掉记忆中的过去，在这个过程中减缓长期处于激活状态的杏仁核的自动反应。

关于神经可塑性的研究也发现，成年人的大脑和孩童发育中的大脑类似，可以被当前的体验重塑，从而建立起新的神经元连接，甚至能够改变大脑的真实结构。而这个改变的关键也在于重新建立安全的依恋关系。[①]

也就是说，新的安全的依恋关系能够帮助人们走出对关系的恐惧，对他人重建信任，摆脱创伤体验。依恋关系是我们抱有期待的、依赖的重要他人和我们之间的关系。比起普通关系，依恋关系对我们更重要，感受更真切，影响也更深远。

那么怎样才是安全的、好的依恋关系呢？我们可以从母婴

---

① （美）大卫·J. 威廉. 心理治疗中的依恋：从养育到治愈，从理论到实践[M]. 巴彤，李斌彬，施以德，杨希洁，译. 北京：中国轻工业出版社，2014.

关系中的依恋模式切入。当孩子遇到困难时，父母能够给予温柔的鼓励和恰当的支持，这种安全的感觉、相信和支持自己的父母形象，会逐渐打造出孩子内心的一个安全岛，建立起安全型依恋关系。当孩子感受到足够的安全和舒适，就能够有信心去探索和学习未知的世界。当他们在探索的过程中受挫，就会回到安全岛恢复安全感，而后继续探索外界。这种循环往复的过程给孩子提供了两个部分的安全感：依恋安全和探索安全。当这些安全的感觉逐渐被孩子内化和认同，成为他们内心的一部分——即内在父母的样子，这种内在父母的表征就能给孩子稳定地提供支持，其中对关系的安全感能够帮助孩子与他人建立关系，给予他人理解和支持（关联感），而对探索的安全感能够给予孩子面对挑战的信心和勇气（自主性）[1]。

这种与他人之间的关联感和个体内在的自主性是相辅相成的，也可以被看作我们获取幸福的钥匙——即对自己的信心，以及对关系的理解和容纳。有了这两把钥匙，我们就能打开对自己和关系当中美好感受的体验，从而体会到更多幸福的感觉。

一个被爱的孩子会觉得自己是可爱的，一个得到照顾的孩子会感到自己是有价值的。因此，具有安全依恋的儿童表

---

[1]　（美）乔恩·G. 艾伦. 创伤与依恋：在依恋创伤治疗中发展心智化 [M]. 欧阳艾莼，何满西，陈勇，等译. 北京：机械工业出版社，2022.

现出高水平的自尊并不奇怪。①

那么已经长大的我们如何找到这两把钥匙呢？其原理和安全的母婴依恋关系类似，我们可以尝试在生活中重新建立安全的依恋关系，比如心理咨询，或者可靠的亲密关系，使其逐渐成为我们内在表征的一部分；抑或寻找到能够在精神上提供抱持性环境的象征性事物，从而促使我们建立起对关系和对自己的信心。

和婴儿的不同之处在于，我们已经长大，已经能够区分自己和他人的不同，能够独立地面对生活，拥有相对稳定的人生观和世界观。在此基础上，我们需要的只是在内心建立起一种自我保护、自我支持、自我肯定的形象——让我们的内在父母更具有包容性和支持性，让内在小孩体验到更多温暖、支持、认可和鼓励。这个形象可以是一个真实的人，也可以是影视作品里的某个人物形象，可以是你喜欢的游戏、动漫中的某个角色，也可以是某个宠物，甚至可以是某种艺术，或者某个集体……只要是触动你的真实渴望、有助于你觉察自己的真实情感，让你感到温暖和支持的人或事，你都可以尝试去强化和保留住那种感觉，让它常驻在你的心里。

---

① （美）乔恩·G. 艾伦. 创伤与依恋：在依恋创伤治疗中发展心智化 [M]. 欧阳艾莅，何满西，陈勇，等译. 北京：机械工业出版社，2022.

比如有人通过豢养宠物的方式获得内心的疗愈，其实也有迹可循——宠物毛茸茸的外表给人温柔的感觉，不失为一种温暖的陪伴；其软萌的叫声和幼稚简单的举动激发人的保护欲，在照顾宠物的过程中，我们也在重新培养好的内在父母的形象，而那个被我们照顾的宠物也在不知不觉中成为我们内在小孩的一部分。

再比如之前提到的那位充满不安全感的朋友，虽然难以和人建立亲近的关系，但她对所在的公司情有独钟。公司对她来说就像一个信任又支持着她的母亲，能够给她提供各种发展和探索的机会。她可以留在本部（依恋安全），也可以申请去世界各地的分公司办公或调研，参与公司组织的各种其他活动（探索安全）。她能够间接获得抱持性父母的照顾一般的双重安全感。虽然这种对关系的信任和对自身的信心与公司绑定在了一起，但对她来说，这种感觉也难能可贵，无形中充实着她内在感受幸福的能力。当她的信心和勇气足够多的时候，她或许也能够找到对亲密关系的信心，或者不再那么依赖与公司之间的关系。

孤独很可能是因为养育过程中的回避和忽视，也可能是与某些重要他人相处过程中痛苦体验的"泛化"，从而导致内心深处不相信关系。其实孤独的人也在渴望好的关系，只是他们不相信好的关系会发生在自己身上。在内心深处只属于他们自己的那个最隐秘的房间里，只有他们自己一个人，他们渴望有人进来，却又坚信进来的人会伤害他们。

但是，请想象一下，如果有人如他们渴望的那样走进他们的内心，而并没有像他们预期的那样伤害他们，他们是否会对别人多一些信任？这一点在无数的心理咨询案例中得到了证实，哪怕只是我们身边的一段相对良好的关系，也能够加强我们内心的信任，驱散一些孤独和创伤的感受。

就像小说《一个叫欧维的男人决定去死》中的主人公，他虽然对生活有很多不满，总是骂骂咧咧，但其实内心充满了善良。他不允许自己向别人求助或者吐露心声，这或许是他内向而被动的心给自己画的一个圈，这个圈也带来了孤独。他不断地想要自杀，其实是想要去见自己的妻子和父亲，想要继续让他觉得幸福的关系。每次打断他自杀的是新的邻居、新的关系，当他面对新的关系时，虽然不情愿，却也总是不自觉地流露出友好和善意。而这些新的关系越来越坚固，让他愿意敞开心扉，信任他人，也允许自己感受来自他人的温暖，逐渐使他从现实生活中体会到幸福。

这本小说让人感到治愈的关键在于一颗孤独、胆怯、自我怀疑的心，在失去了好的依恋关系（妻子）之后，不再相信和期待谁，而在他将要自我放弃的那段时间里，他又被身边温暖、有爱的其他人际关系所挽留，在真诚而有联结感的关系中，他逐渐找回了意义和价值，找到了对生活的热爱和期待。这种治愈，唤起了多少人心底的柔软——只要你有渴望，只要能够被某种方式所触动，你就有被治愈的机会，从而重获幸福。

对情绪的辨别和反思是维护幸福的关键

在安全的依恋关系中，养育者往往能够更加积极、准确地回应孩子的各种需求。当孩子哭了，他们会马上察看发生了什么，并且尽可能让孩子感觉好受一些；当孩子笑了，他们会发现并且回应这种情感；当孩子对什么感到好奇，他们也会意识到，并且在有保护的情况下鼓励孩子去探索。这些父母之所以能够积极回应孩子的需求，是因为他们会对自身所处的关系和自己的情绪、感受等进行回顾和反思，这在心理学中被称为心智化能力。当父母能够觉察自身的情绪，调节好自身的状态，就能够在面对孩子时专注于孩子，想象和理解孩子的情绪体验，做出恰当的回应。

在安全的依恋情境中，婴儿学到了很重要的事——表达自己的感受可以带来积极的体验，这就让他们产生了对自我和他人的积极感受；当他意识到自己可以影响到他人，就逐渐萌生了执行力或自主性的初步感觉；而特定的情感会引发特定的反应，这就让婴儿逐渐开始分辨并命名自己的各种感受。①

在这种生命早期与重要养育者之间的依恋关系中，婴儿的大脑在本能地学习与模仿父母觉察和处理情绪感受的方式，这种方式会通过依恋关系在代际之间传递。

但在不安全的依恋关系中，父母可能无法良好地调节婴儿的情绪反应，拒绝或者阻碍婴儿与他们亲近的本能，使得婴儿转向一种继发的策略以适应养育者或者依恋对象特定的脆弱。例如，对孩子的情绪信号（例如叫喊、哭泣）故意忽视（不予理睬），或者强制控制（暴力或冷暴力）等，对婴儿表现出明确的厌恶、无视或伤害，而婴儿可能就会采取"降低活性策略"来面对养育者，他们学会了跟"自己想要与依恋对象联结的冲动"保持距离，即回避型依恋。

也有一部分养育者情绪极不稳定，他们看上去很脆弱，好像很容易被淹没在某种过去的情绪体验中。他们有时候对孩子无微不至，有时候又因为汹涌的情绪影响与孩子的互动，有时候他们照顾孩子只是流于形式，为了掩盖和压抑自身的情绪，他们对孩子不同调、不恰当的情绪反应会让孩子时刻处在不安全感中而难以独立——认为亲密是有希望的，但又随时可能失去，即矛盾型依恋。因此，孩子逐渐学会了用一种"过度激活

---

① （美）乔恩·G. 艾伦. 创伤与依恋：在依恋创伤治疗中发展心智化 [M]. 欧阳艾莅，何满西，陈勇，等译. 北京：机械工业出版社，2022.

策略"应对养育者的难以预料，即放大或者夸张地表达痛苦，并且过分在意是否与养育者依然保持亲密关系。①

很多成年人正是因为缺乏对自身情绪情感的觉察和反思，缺乏调节自身感受的能力，才总被难以表达和难以理解的情绪所淹没，进而屡屡与幸福的感受失之交臂。就算他们能够在生活中遇到好的依恋关系，或者上节提到的抱持性环境，也很可能会因为他们心中的回避和不安而影响关系，从而难以将好的感觉长久地维持下去。

想要维护幸福的感觉，就需要我们强化内在观察者的力量，锻炼自己关注、觉察、感受各种内心体验的能力，并且正向积极地去接纳和理解这些感觉，发现固有模式之外的让人感受更好的选择。

《老友记》（Friends）中，瑞秋教乔伊开帆船时化身成了自己的父亲，像当年父亲训斥自己一样训斥乔伊，她不自觉地重现了曾经的创伤性体验。但在朋友的反馈中，她立刻觉察到了这一点，"我竟然像我爸一样去斥责别人？！"并且停止了训斥行为，给予了更平静、温和的鼓励，这其实对于朋友和自己而言都是一种矫正性的体验。这种觉察和改变就是关键所在，当她意识到并且修正行为的同时，她就已经不再被过去的情绪

---

① （美）大卫·J. 威廉. 心理治疗中的依恋：从养育到治愈，从理论到实践 [M]. 巴彤，李斌彬，施以德，杨希洁，译. 北京：中国轻工业出版社，2014.

所掌控，而是成为自己情绪的掌控者；在矫正性的行为中，她和朋友都体会到了更舒适的关系模式，这是内在观察者的决策给他们带来的成长和幸福感受。而且，她和乔伊之间这种能够允许问题出现，并且能够进行调整完善的朋友关系，也更具韧性和包容性，更让人感到踏实、安全。

我们可以尝试一些提升内在觉察力的练习，比如正念练习、冥想练习、内观练习等，也可以尝试罗列出我们与身边重要他人的关系，尝试描述和他们相处时一些让自己难忘的情绪波动或互动体验，找到其中的相似之处来理解自己惯有的认知－情绪模式，试图在下一次相处中做出自己期望的改变。

当我们能够对自身的情绪感受有更清晰的觉察和理解，我们的关系就能够逐渐摆脱僵化，变得更灵活、更有弹性，我们对自己和对关系的信心也能够得到拓展，内心就能够有更多的空间去感受幸福。

维护与传递幸福的感觉

如何在养育中维护自身的幸福感？

如果说对自己拥有恰当的信心，同时身边存在安全且值得信任的关系，是能够让我们感受到幸福的关键所在；那么想要在生育过程中维护自己的幸福感，这两点更是尤为重要。

很多人所担心的产后抑郁，可能正是因为在这两点上受到了重创。

我们可以思考一下，一个女性的幸福感通常来源于什么？关心、支持自己的父母，爱自己的丈夫，外貌，工作和收入，事业的发展，关系好的朋友，等等。一方面，其内心对关系和自我的信任是支撑她拥有和发展良好感觉的基础；另一方面，这些好的关系和支撑信心的具体事物的存在本身也非常重要。

当一位女性生育之后，健康和身材可能受到影响，这可能会严重影响她对"躯体自我"的感受和信心；由于新生命诞生，此前所有对她的支持和关注几乎都转移到了孩子身上，那么她的"情绪自我"就很容易被忽视和压抑，旁人对她作为母亲的"功能性"的部分会突然增加许多要求、限制，甚至是指责；在照顾孩子的过程中，她可能会失去工作、失去收入……

这些一个接一个的"失去"，都在减少女性幸福感的来源。这时候能够拯救女性内在感受的，可能就是上节所说的安全稳定的"内在父母的表征"，让女性能够在巨大的变动中依然坚信一切都会好起来，身边的爱和关系不会因此而失去或改变。另外，"内在观察者"的角色也能够帮助女性在感受到失望、难过的时候，结合具体情境，理解当下情绪的来源，从而理解他人行为的特殊性，缓解自己情绪的落差。

但对于那些本身就缺乏良好的依恋关系，容易陷入某种情绪感受中难以自拔的女性来说，在这个过程中就更容易放大那些负面的情绪体验，曾经的痛苦和失望可能会加倍。

如何理解情绪失衡？你可以尝试一下不扶任何东西，闭着眼单腿站立这个动作。神奇的是，如果睁眼看着周围，你就能保持平衡，但如果闭上眼睛，你就很难保持哪怕半分钟的平衡。这就是平衡感。我们需要时刻依靠与外界的联结来维持平衡的状态，只要失去了这种联结，我们对倒下去的担忧就会被放大、被强化，直至真的失去平衡。我们的心理状态也非常类似——如果和外界有充分的联结，我们就能够更好地适应现实环境；但如果失去联结，完全依靠自己的想象，一些不切实际的担忧和恐惧就可能被放大，进而导致我们心理失衡。

在感觉到那么多"失去"之后，当身边的关注从自己身上转移到了孩子身上之后，内心充满不安全感的妈妈很可能会失去这种与他人的联结感。如果妈妈有着被工具化的过往，那么她的不安全感会更加严重。她会认为他人对自己的喜欢和爱建立在自己对他人的作用和价值之上，那么当她体会到这些"失去"之后，可能就不会再信任关系；或者她会通过成为被要求的母亲的样子来维持自己的价值感，但内心被忽视和被压抑的痛苦感受可能会更加强烈。

想要在生育这一巨大的生活变化中维护自身的幸福感，就需要我们把信心放在更稳定、更难以动摇的事情上，同时加强和维护身边良好的关系，尝试提升内在观察者的能力，觉察和梳理自身或他人的情绪感受，增强对关系的理解和信心。

在信心方面，我们需要相信身体的恢复能力，相信自己掌握的产后恢复的要点和方法，只要抽时间按照要求努力坚持去做，就能够有好的结果；相信自己能够通过饮食和运动的调节塑造更健康的身体；相信自己的学习能力和工作能力能够弥补这段时间的耽误；相信自己天生有成为好妈妈的潜质，加上对相应知识的学习，一定能够照顾好孩子……这些都是难以被外界所改变的，也是我们可以去做的事情，如果我们把信心放在这些事情上，那么在这种生活变化中，女性的自我价值感就不容易受到太大的影响。

在关系方面，我们首先需要像上节提到的那样，培养和寻求抱持性的安全的关系体验，敏锐察觉支持和温暖我们的力量，在变化中尽可能维持让我们感觉良好的关系。比如和好友保持联络；比如认识其他妈妈，找到互助团体；比如找到能够提供帮助的护理指导老师；等等，这些关系一般不会因为有了孩子而失去，反而会因此得到更多的支持和帮助。

另外，我们还可以提前预期可能发生的事情、身边人可能会出现的行为表现，以及自己可能会出现的情绪反应，提前向身边人提出关心和支持我们的具体要求，提前做好安排。

当然，不仅在生育孩子期间，我们需要维护自身的幸福，在整个养育过程中，照顾好自己，让自己体会到幸福，也是我们照顾好孩子的前提和能量源泉。

养育过程中最大的挑战之一就是在照顾孩子和照顾自己之间找到一种平衡，这也是很多人最担忧的地方——照顾孩子就顾不上自己，就会影响自己的生活，这对一部分人来说意味着夺走或打破他们的幸福体验。值得一提的是，养育孩子之后，生活中的悠闲与清静的时间可能会减少，但幸福不仅仅来源于悠闲和清静。

那么如何在照顾孩子的同时也照顾好自己呢？

这就需要我们在生活中更敏锐地意识到自身的需求和意

愿，进行恰当的表达和维护。比如自己想吃什么，想不想去公园，想去哪个商场，累不累——觉察到自己想做什么，才能更好地自我满足。如果我们只是一味地满足孩子、满足他人，忽略自己内心的需求，那么委屈和不满就在悄悄堆积，而我们的照顾行为也可能向着缺乏情感的方向发展——被榨干、掏空的人如何能够照顾好别人？我曾经在活动上认识了一位父亲，他几乎从不直接表达自己的需求，就连自己想吃肉了，也会问孩子"你是不是想吃肉了，我给你做"，然后借着为孩子好的名义，吃自己想吃的肉；如果孩子说"我不想吃肉，想吃面条"（和父亲想吃的不一样），他也不会直接表达自己的意愿，而是会想办法说服孩子，如面条不如肉有营养，直到孩子妥协说吃肉，他才会停止说教。长此以往，孩子内心的真实需求总是难以得到正视或尊重，可能会习惯性地优先考虑他人的需求，或者怀疑父亲对自己爱的质量；而父亲也会因为过度依赖"为你好"来表达自己的需求，从而难以放手让孩子独立，同时也会由于自己的需求难以得到表达和满足而感到委屈与疲惫。

除了表达需求，表达情绪也同样重要。这需要我们增强对自身情绪感受的觉察力，再诉诸沟通。当你很烦躁、疲惫的时候，你可以说"我很累了，我需要停下来休息一会儿"。如果你一直压抑着疲惫和烦躁却不表达，那么情绪就会在你的心里堆积，转而通过其他方式表现出来，比如："我都这么累了，你还不听话。""我都为你付出这么多了，你还要让我怎样？"这样只会引发孩子的内疚和自罪感，但他可能依然不知道该怎么做。如果你都不知道在心情不好的时候自我缓解，孩子又怎么会知道如何面对自己和他人的情绪？当然，这里需要的不仅仅是我们为自己表达的勇敢，更需要我们用彼此都能够接受的方式来表达的智慧。

在遇到痛苦、危险或伤害的时候，在身体和精神上需要保护的不只有孩子，还有我们自己。我们是父母，但更是活生生的人，当我们能够尊重、维护、照顾好自己内心的感受，才能够更好地理解孩子的内在体验。

照顾自己和照顾他人并不对立。事实上，照顾他人反而能够帮助我们更好地照顾自己。

在我们成为好的父母的过程中，我们的内在父母和内在小孩的部分也在悄然发生着变化。就好像前文提到的养宠物的过程，我们的孩子有可能会被我们内化为自身内在小孩的一部分。在孩子被照顾的过程中，我们的内在小孩也会在不同程度上得到安抚、疗愈和成长。换句话说，在这个过程中，我们的内在小孩有机会用我们期待的方式被重新爱一遍。

如何改善依恋模式的代际传递？

请想象一下，如果有了孩子，我们会如何与孩子互动？怎样的互动更合适呢？

对于婴儿来说，向养育者寻求亲近的关系是他们的本能。他们天生就依恋父母，从亲近中获得安全感和舒适感。

他们天生就会取悦和征服母亲；不舒服的时候会通过哭泣吸引母亲前来照顾；抱紧依恋对象不放手，从而保持亲密；父母走动的时候会跟随，防止分离。

就像恒河猴实验中的小猴子那样，虽然维持生存的奶水和让它感到亲近、舒适的温柔爱抚被分开了，但两者它都需要，而且会依恋那个给它温柔怀抱的"妈妈"。①

如果婴儿能够在这种寻求亲近的关系中获得满足，就可以更好地建立起对自己的信心和对关系的信心，从而更可能体验到幸福。但遗憾的是，这种对亲近的需求并非在所有父母那里都能够得到满足。如果父母不具备对情绪的觉察和反思的能力，总被情绪淹没或掌控，那很可能会在养育过程中把他们的创伤和不安全感传递给孩子。

研究发现，对准妈妈进行早期依恋关系访谈的结果可以预

---

① 在该实验中，研究者把没有母亲的落单的小猴子放在观察室，观察室中有两个机器猴妈妈。其中一个是冰冷的铁架子，胸前的位置有个奶瓶，另一个"妈妈"被包裹了毛绒布料，手感很好，却没有奶水。小猴子平时都会依偎在毛绒妈妈身上，等到了饿的时候，会去铁架子妈妈身边喝奶。这个实验表明对于猴子幼崽来说，温柔的爱抚和生存必需的奶水都是需要的，但其依恋的对象是能提供爱抚的毛绒妈妈。

测她的孩子出生一年后的依恋安全性，并且婴儿对养育者的依恋行为又能够预测其成年后的依恋模式和适应性。[①] 也就是说，父母的依恋关系很可能会传递给孩子，甚至影响孩子一生。

我们在尝试做出是否要孩子的决定的同时，也在做出一个非常勇敢而富有挑战性的决定——是否要成为父母。从心理状态上看，成为父母意味着要经历一个重大的发展转变，即"从寻求保护和照顾的角色向为孩子提供保护、安慰和照顾的角色转变"[②]。很多人最担心的就是在这种角色转变中，把自己的心理问题、自己在生活中体会到的创伤和不安传递给孩子，让孩子继续品味这种痛苦。

那么这种创伤的代际传递一定会发生吗？有什么办法可以尽可能避免创伤的传递？

心智化理论创立者彼得·福纳吉（Peter Fonagy）的依恋研究发现，这种创伤的代际传递不是必然的。其中的关键就在于心智化水平的发展，即对自身情绪的觉察和反思能力。心智化水平较高的成人能够给孩子提供更加安全的依恋关系，而安全的依恋又能够促进孩子心智化水平的发展。也就是说，如果能够提升对情绪的觉察和反思，就算父母自身存在依恋的创伤，

---

① （美）乔恩·G. 艾伦. 创伤与依恋：在依恋创伤治疗中发展心智化 [M]. 欧阳艾莅，何满西，陈勇，等译. 北京：机械工业出版社，2022.
② 同上。

也同样能够培养出安全型依恋的孩子——这样就打破了不安全依恋在代际之间传递的循环怪圈。

想要在养育过程中更大程度上减少创伤的代际传递，就需要我们首先对自身的情绪有觉察，处理好自身的感受，从而有空间去关注和理解孩子内心的情感需求，并给予及时的反馈和回应。比如孩子犯错了，你感到生气，想要打他——如果此时你能意识到自己是因为什么而生气，想要动手的目的是什么，能不能达到想要的效果，那么你可能就会想办法让自己先冷静，然后用孩子能接受的方式去教育他。但如果你没有意识到自己在愤怒，在失望、着急，更没有意识到这些情绪的原因，那么你可能就直接打下去了。在你动手之后，孩子会哭——如果孩子的哭也依然不符合你的预期，依然没能让你消气，你可能还会继续生气地责骂哭泣的孩子。这样孩子只会更受伤，却还是不知道自己错在哪儿、该怎么做；你也依然没有得到让自己满意的结果。

在这个例子中，意识到自己的情绪以及行动背后的原因，就是一种心智化的表现；而没有意识到情绪及其背后的原因，而是直接在情绪的作用下做出某种冲动的行为，那就是行动化的表现。正如那句小品台词"冲动是魔鬼"，如果我们想要更有效地互动，那就需要尽可能提高自身心智化的能力，减少那些不走心、不过脑子的行动化的表现。

当然，在觉察和处理了自身的情绪之后，更重要的是如何与孩子进行互动——有联结感的互动是安全关系的核心。

我们先看一个反面例子。

一个初中生向我抱怨说："我父母从来不真正关心我的想法。爸爸下班一回家就喊累，然后就趴在床上玩游戏、睡觉，也不怎么跟其他人说话。妈妈一直忙忙叨叨的，不是在做饭洗碗，就是在买东西——为了省钱计算凑单。我只要跟她说话，她都会说，'马上啊，我得先买东西''马上啊，我得去晾衣服''马上啊，我得去洗碗'。但当她忙完了，她却会催我，'你该干什么干什么去'，从来没有正视过我，没有关注过我，我恋爱了她也不管，我打架了她就觉得麻烦，我受伤了她就让我去医务室……我在家里觉得很孤独、很无趣。"

这个初中生非常渴望能够跟父母分享自己的感受，希望能得到父母真正的关心和在意，但父母却都在回避跟他的情感交流。爸爸的生活和他几乎没有什么交集，而妈妈的生活仿佛是由一件件事情堆积起来的沙丘，没有水分，没有土壤，也长不出植物。他们的生活中缺少真正的关系，也缺少真正的信任，因为家庭成员之间缺乏有情感的沟通和联结。

这个例子能够从反面让我们更好地理解什么是有联结感的互动——你内心真正想要的，对方能看见，并且满足你；同样，对方内心真正想要的，你也能看见，并且回应对方。

你可以想象一个场景：你因为在路上扭伤了脚而动弹不得，此时有路人从你身边经过，你发出求助声，希望得到对方的帮助。

回应 1：对方径直从你面前走了过去。你会是什么心情？（直接忽视）

回应 2：对方看到你了，口中说着"怎么这么不小心"，然后走远了。你会是什么感觉？（他看见你的需求，但他并不打算帮助你）

回应 3：对方听到你的求助，但对你说："走路不看路，活该！"你会是什么心情？（他看见你的需求，不但不救助你，还拒绝和攻击你）

回应 4：对方听到你的求助后，马上蹲下查看你的伤情，并询问是否需要送你去医院。你会是什么感受？

只有在第 4 种回应中，你会感觉被帮助、被拯救，并且有种对方值得信任的安全感。

养育中的互动同样如此，只有穿过重重阻碍，站在孩子的角度，理解孩子的情绪情感需求，才能针对这种需求给出恰当的回应，才能让孩子的内心体会到安全，体会到温暖和满足；这样的沟通和交流才是真正有联结感的互动，才能够拯救孩子们徘徊在焦虑、恐惧与绝望边缘的心灵，从而有勇气去面对更多的未知和挑战。

只要我们能够保持觉察与反思，走进孩子的世界，走进他人的世界，去理解对方的需求和感受，我们就可以和他人产生更多有联结感的互动。

当我们与他人产生了更多联结，就能够更清晰地理解问题；当我们看待世界的滤镜得以淡化，情绪就不容易过于偏激；当我们将鞋子里磨脚的沙砾取出，换上了柔软、合脚又有弹性的鞋垫，就会更坦然自在地踏上前方的路。

第七章　坚守心理边界

有孩子之后是否会失去自己？和长辈相处是否会困难重重？夫妻关系是否会受到重创？这些都是我们在生育这件事上无比担忧的问题。

　　那么如何才能处理好与自己和与他人的关系？坚守好内心的边界是解开问题的关键所在。

是什么在挑战心理边界？

摆脱身份暴力

诺贝尔经济学奖获得者阿玛蒂亚·森曾在《身份与暴力：命运的幻象》一书中写道：

> 世界上的大多数冲突与暴行都是由某一看似唯一的、没有选择的身份认同而得以持续……一旦世界上的种种区别被整合简化成某一单一维度的、具有支配性的分类体系——诸如按照宗教、社群、文化、民族或者文明划分，并在处理战争与和平问题时把这些维度看成唯一起作用的，那么我们所共享的人性便受到了粗暴的挑战。

种族与群体之间的战争和伤害常常会受到这种身份暴力的挑唆而被激发，比如"你是 A 种族的人，就应该记住对 B 种族的愤怒，就应该支持我们对 B 种族发起的攻击，就应该在攻击行动中尽一份力"，于是战争和伤害就开始了。

但细想，在我们的生活中，在人与人的关系中，被这种身份暴力影响而产生的自我束缚、彼此伤害更为常见，同时难以被察觉——总有人会用自己对某一身份单一的理解去要求和评判别人。

如果关系疏远，来自陌生人的评判和要求通常会被当作一种冒犯，比如当街对陌生长发男子提出剪短头发的建议。而当这种要求发生在关系亲近的两个人之间时，提出要求的一方实质上是在借着关系要求对方认同和执行自己的想法。如果被要求的一方容易受到外界的干扰，或缺乏自我维护的主观意识和敏锐觉察，就可能会受到对方"身份暴力"的影响，以此作为自己的行事目标或准则，受其束缚。正如我们在第三章中提到的人们对母亲和女儿的要求那样，有人会用一个身份去要求对方做各种自己希望的事情，推卸自己不愿承担的责任。

当然也不只是母亲和女儿会被这样要求，任何有着某种身份属性的人都可能会被身边人甚至是自己这样暴力对待。比如，有人因为过分执着于他人或自己而给自己套上单一的身份标签，从而把自己的人生囚困在了单调的牢笼里（黄静静因为学长提出"女生跳街舞太不矜持"就放弃自己热爱且擅长的舞蹈，转而做文静的乖乖女）；有人执着于要求别人按照自己认为的身份标签行事，进而把身边的人捆绑在自己编织的枷锁之中（那位反复跳槽的男性的太太认为"好老公"就应该一心养家、专注赚钱，使得他不得不放弃原本的生活节奏，逐渐失去了自己对生活的热情）。

　　那么问题来了：为什么一定要这样要求呢？亲密关系中的双方为什么不能相互成全，一定要用所谓的"应该""必须"，用各种对身份的暴力定义去相互限制、相互束缚、相互牺牲呢？因为人们心中有恐惧，尤其是对不确定、不可控、意料之外的事情，所以人们倾向于用各种方式减少和剥离对这种不确定的恐惧，但这也让很多关系中的人活成了恐惧的奴隶。

　　为什么有人甘愿自我束缚、自我牺牲？因为坚持一件事并不容易，同时坚持几件事更不容易，而放弃很简单，如果放弃的理由还被文化和舆论所允许、所要求，那么就更简单了。

　　当然在无数生活琐事的洪流中，想要坚持自己并不容易，这要求我们做到对自身的觉察和评估。什么叫自己已经尽力了，什么样的感觉是还可以再坚持一下，什么样的选择是自己在权衡下做出的取舍，什么样的目标是无论如何都不愿放弃的渴望……自己内心的种种感觉、愿望、情绪、状态，都需要我们更用心地体会，更明确地向自己澄清，更坚定地为自己维护。这是帮助我们减少被胁迫的痛苦，离真实的自己更近，找回对生活的热情的关键途径。

　　我曾看过一条名为《重启今日》的短片，备受触动——男主角被困在时间的循环里，每天都在经历完全相同的事情，他做过各种尝试想要突破这种循环，比如挑战权威、直接寻死、完成不可能完成的任务，但都无济于事。直到他发现，面对看似相同的一天，看似同样的事情，自己依然可以做出不同的选择，换种新的方式来对待，做出新的改变的时候，重复的事情也就没那么无趣了。当他能够找到自己在看似既定的人生轨道上的主观能动性之后，当他不再厌倦重复，而是真正用心热爱和感受生活之后，新的一天就出现了。

如果我们依据某种别人持有的、固化的、单一的观念来定义我们的人生，定义我们生命的价值，凭此选择我们的人生道路，那么每一天的生活就如同被困在同一天里，缺乏新意，就像行驶在结局已知的既定轨道上一般无趣，让人崩溃。

当我们被这种"应该"和"必须"所胁迫的时候，就在不知不觉中忽视了自己内心的真实想法和感受，积累了被逼迫的无力感，在离真实的自己越来越远的路上逐渐变得僵化而迷茫。

比如，当人们过分在意外界定义的美时，就可能因为外貌的不完美而不停挑剔自己，甚至出现千篇一律的整容脸；或者，女性常常被各种对"贤妻良母"的标准所裹挟，甚至以此要求自己。但其实，不同的要求之间是存在诸多矛盾的。就像《易燃易爆炸》歌词里唱的那样："图我情真还图我眼波销魂，与我私奔还与我做不二臣，夸我含苞待放还夸我欲盖弥彰……"

在物化女性的价值观中，人们对女性的要求一定存在各种各样的矛盾，毕竟人们的欲求总也没有穷尽。

在我们被迫追求被外界定义的美时，就在放弃自己的审美自由；当我们成为某种不良价值观的追逐者时，我们的自我价值就被锚定和限制了，我们因此忽略了自身能够拥有其他价值与愿望的可能性。

美丽本身就是多种多样的，健康、勇敢、自然的状态……我们的每一种模样中都有值得欣赏的美。同样，"好家长""好伴侣""好孩子"，这些"好"都可以被我们自身所定义，依据我们的选择和真诚来定义。我们可以听取或者拒绝别人的意见，但前提是有自己的选择和判断，只有时刻坚定做自己的决心，才不会在被胁迫的道路上越走越远。

当我们跳出这些被外界锚定的身份标签后，会发现更广阔更自由的世界。我们完全可以追求很多其他的价值和意义，比如在我们喜欢和擅长的事情上不断提升技艺；比如做自己想做却一直没做的事情；比如去旅行，去理解和感受这个世界；比如参加论坛或活动，和不同的人交流，拓宽眼界和思想；比如通过各种可以触及的方式，去影响和改变我们的世界……

生活中有无数的可能性等着我们去寻找与体验。只要我们保持对世界的好奇，保持一双发现美的眼睛，保持对自主选择权利的维护，保持对自己的信心和对未来的期待——就算我们燃烧了青春，走向了衰老，我们的眼神也可以熠熠生辉，我们本身的美丽和自由也能够让身边的人感到骄傲和欣慰。

真正的美丽来自内心，来自对自己和生活的热爱。这种美丽不是可以被人定义的，它就存在于我们本身，而且需要我们在人生中慢慢领悟和体会。

在婚姻和养育中，并没有什么不得不做的事情，有的只是每个人的需求，以及为满足彼此的需求而产生的互动和沟通。在人际互动之中，自己或他人所要求的单一化的身份暴力正是我们人生选择中的陷阱，要想维护内心的自由，要想坚定地走自己渴望和认同的道路，就需要识别这种陷阱，对抗一个个"应该"和"必须"，坚守和维护自己自由选择的权利。

走出重重单一、僵化的观念枷锁，才能逐渐逃脱程式化的婚育模式，还自己一个自由、鲜活、充满未知和期待的人生。

辨别行动化的情绪表达

行动化的情绪表达在生活中随处可见，远比我们想象的要更加普遍且难以觉察。

比如女生担心男生会出轨，发现男生和其他异性多说了两句话，就先入为主地认为男生和那位异性之间关系不正当，对男生和那位异性充满敌意，甚至直接妨碍两人继续沟通或者开

始指责他们，这就是在用行动表达内心的不安全感。比如男性
对性行为和生殖器官有强烈的羞耻感，对妻子怀孕过程中的变
化躲躲闪闪、不闻不问，这就是在用回避的方式行动化地表达
出来。同样，不愿接受儿子独立的婆婆，看着曾经依赖自己的
儿子如今和妻子如胶似漆，心里很不是滋味，认为是儿媳妇把
儿子从自己身边抢走了，于是对儿媳妇恶语相向、百般刁难，
这就是用攻击儿媳妇的方式，行动化地发泄自己和儿子分
离的痛苦。

　　像这样坚持对他人先入为主的片面理解，并且基于这种片
面理解采取行动化的方式，往往是突破关系边界、冒犯他人的
常见原因。想要减少这种突破边界的行为，或者发觉和防止他
人对我们边界感的伤害，就要识别人们行为背后的逻辑和动机。

　　我有一位朋友每次开车时都依赖导航详细播报，并坚持将
音量调到最大。他表示，导航播报可以让他清晰地知道路况，
给予他安全感。只要同乘者说话声音有些大，他就会因为导航
播报被干扰而感到焦躁，要求同乘者放低音量。

　　其实这位朋友最核心的情绪就是紧张，担心自己在驾驶的
过程中出现疏漏，造成可怕的后果。如果更深究一些，他可能
对自己有着完美主义的要求，而这种完美主义，恰恰被用来防
御自卑、糟糕的低自我价值感。如果他能发现并直面这种"不
完美、有错误就很糟糕"的感觉，去探究这背后更深层的缘由

和情绪感受（比如不够完美对自己来说意味着什么、会怎么样），他或许就能够获得更多自我成长的空间。但他却找错了方向——通过对导航的依赖（行动化）来对抗害怕出错的焦虑。

然而无论导航播报得多详细，外界的干扰多微弱，只要他在用这种行动化的方式对抗担忧，担忧就不会被消除，只是被转移到了掌控的程度上。而且，他也没有把更多的注意力放在好好驾驶上，而是在"对路况把控是否全面"的紧张中消耗了许多精力，甚至忽略了红绿灯的变化，还引发了和同乘者之间的冲突。这种应对方式有着强迫症的倾向，本质上是一种行动化的情绪表达。

这位朋友的表现让我联想到一位新手妈妈的症状，她持续好几个月都在经历产后焦虑、抑郁，因为担心对孩子的照顾不周全而过分紧张，白天执行着各种自己设置的繁杂的照顾流程，晚上还会经常失眠，一旦想到自己有疏漏或不够周全的地方就会非常自责、痛苦；在和家人的相处中，也会因为他人对孩子照顾是否足够周全的问题矛盾频出。

在这两个案例中，他们行为的背后其实都是对不够完美、不够周全的过分担忧，这种完美和周全对他们而言是一种防御低自我价值感的壁垒。他们相信自己确实不够好，害怕造成糟糕的结果，因此用追求事事完美、周全、不出一丁点疏漏的控制行为，来对抗内心所恐惧的糟糕的自己。但在这种控制行为中，他们很可能会陷入自己的担忧之中，失去与他人的联结感，甚至在控制行为中触及和侵犯他人的边界。

　　我们可以联想一下，那些为了躲避工作的繁忙而要孩子的选择是否也是行动化的表现？为了挽回关系、稳定关系而要孩子；把暴力攻击转化为性冲动，而后怀上并生下孩子；害怕自己年龄大不能生育，在还不清楚想法的时候就努力要孩子等等行为，是否都是为了躲避某种痛苦而一时冲动导致行动化的结果？在这些情况下，要孩子是非常不明智的选择，因为这并不是他们真正想做的事情，更不用说难以觉察和表达情绪的他们也难以对孩子负责。相比之下，如何面对和处理繁忙工作带来的心理压力，如何通过沟通调解关系并解决问题，如何摆脱暴力控制，如何明确自己内心的真实想法和需求——才是他们真正应该去思考和面对的问题。

明确自己的真实需求

　　如果我们无法分辨内心的感受，在产生情绪的时候难以觉察、难以直接表达，就容易用行动化的方式表现出来。就算这一次辨别出了自己的行动化表现，下一次可能还会因为情绪表达受阻而继续采取行动化的方式，甚至会把别人带给我们的情绪转移到我们与他人的关系中去。

　　比如小桦在单位被领导欺负之后，回家对孩子撒气，就是把领导给自己的情绪转移到了与孩子的关系中。

因此，明确自己的真实感受，勇于面对，才是减少行动化表现的根本途径。

有一次，同事临时有事，托我照顾他的儿子，于是，我不得不一边工作一边照看孩子。第一天，当我在工作时，孩子在一旁无所顾忌地玩闹，打扰到了我。虽然我觉得很烦恼，但还是选择了放下工作，照顾孩子。第二天，我决定换一个思路。我直接跟孩子表达了我需要时间处理工作的需求："我上午很忙，没时间跟你聊天，你自己玩哦。"通过这样的表达，减少了孩子对我的打扰。可以看到，明确自己的真实需求并表达出来，结果完全不同。

我发现，如果都像第一天那样，忍着自己的不舒服，我可能会越来越没有耐心，越来越不想和他讲话。但如果像后来那样表达出自己的需求，有张有弛、有拒绝也有共情地照顾，就能够更好地维护我自己的需求，同时也让孩子更有边界感。在我明确拒绝他，坚定地表达我自己的需求的时候，其实也在给他树立榜样，让他明白，如果一个人需要专注于自己的事情，他完全有权利表达这份意愿，要求他人给自己一些空间和时间。在这样的互动中，孩子也能逐渐学会表达自己的需求，守护好自己的边界，拒绝他人的过分提议。

孩子的心理边界并没有完全形成，还需要我们在和孩子相处的过程中帮助他一点点探索、建立和维护。如果在这个过程中，我们习惯性地让孩子来承受我们内心的痛苦，向孩子宣泄我们的不满，让孩子满足我们的需求，那么我们就是在阻碍和破坏孩子心理边界感的形成，从而影响孩子长期的心理健康发展。因此，我们需要在陪伴孩子的过程中，言传身教地引导他们学会识别自身感受，恰当地表达自己的需求，帮助他们在关系中维护自身的边界感。

而这样做的前提是我们能够在行动化之前进行觉察和反思，在识别和明确自身的情绪、感受、需求之后，寻找恰当的方式与孩子沟通。这也是促进孩子心智化发展，减少创伤代际传递的重要举动。

每个人都在用自己的方式理解这个世界，如果要理解他人的情感和需求，首先就需要我们先处理好自身的感受，维持好自己的状态。如果我们自身的感受都极其混乱和痛苦，我们自己都在用行动化的方式影响关系，就难以真正看见他人的需求，而是更可能凭自己的主观臆断强加给别人我们认为的东西，要求别人我们认为的"应该"——我们依然兜兜转转在自己的世界里。那么我们也就难以分清界限，难以真正给予尊重、理解和关怀，难以和他人产生真正的情感联结。

这在心理咨询的过程中有非常直观的体现：咨询师必须有足够的自我觉察，能够分得清哪些是自己的个人议题，哪些是来访者的问题，才能够更好地帮助对方。同样，咨询师也需要有自我照顾、个人体验和必要时候的督导，目的就是先处理好自己的个人议题①。刚入行的咨询师往往会遇到对立型的个案，比如对他人评价敏感的咨询师，总会遇到有自恋问题的来访者；难以表达拒绝的咨询师，总会遇到习惯挑战设置②的来访者。但当工作久了才发现，刚入行那会儿其实并不一定是遇到了问题对立的来访者，而是因为咨询师的个人议题总在无形中影响咨询。所以，只有当咨询师更好地区分自己的议题和来访者的问题之后，才能够更理解咨询中发生了什么，更理解来访者言语和行为背后的原因。

当我们能够察觉到自己的情绪，处理好自身的问题，稳定好自己的状态，才能够保护好自己的心理边界，让自己的内心有更多的能量和空间去面对生活中的种种变化和挑战。

---

① 指影响自身的、个人特有的、需要个人去面对的心理问题。
② 指迟到、不按约定告知变动或约定的时间到了也不愿结束等情况。

在关系中维护心理边界

善良和自私的分界线

秋朗有一次跟丈夫、孩子、妈妈一起出游，但路上因为孩子淘气，夫妻二人发生了冲突，妈妈非但没有安慰她，反而责怪她说："你知道我也很累的，你们为什么还要吵架，让我休息不好？你有考虑我的感受吗？你这样真的很自私！"

很多人被教导的道德观念和人际相处逻辑是：如果我们没有做到"善良"，"优先为别人考虑"，我们就是"自私"的，就是招人反感的。

然而，在这种不允许为自己考虑的道德逻辑中，人就真的是"善良"的吗？"善良"和"自私"的边界究竟在哪里？

舒欣在咨询中讲到让她难以忍受的婆婆，就是这样一个好像只允许自己"善良"的人。

"我怀孕的时候，婆婆特别热心，要给我做鸡汤、炖羊肉、煮参汤……天天都是大补的东西。有段时间我有些上火，不想吃那么补的食物，拒绝过一两次。我都说明白原因了，没想到婆婆委屈得不行，说她都是为我好，做好的东西我却不吃。后来她天天躲在房间里哭，甚至绝食，我老公回来还觉得我欺负婆婆。我也委屈，怀孕难受的是我，怎么因为上火没有吃饭就成了欺负她？"

在舒欣的描述中，她的婆婆其实在践行着"我是一个善良的婆婆，就应该对你好，而且要好到让你没有一丝不满"的道德逻辑。在这种逻辑中，别人的满意代表对她的肯定，不满就意味着对她的否定。她的内心充满了别人对自己的看法，难以真正看到别人的需求。当别人没有按照这个"剧本"来，而是表达了意料之外的需求或者拒绝，她就理解不了了。她只能"加工"成"满意"或"不满"中的一种，认为对方任何"满意"之外的回应都是对自己的否定，并且以行动表现了出来。但这种方式非但没有让舒欣感觉到被照顾，反而把舒欣变成了一个欺负人的坏角色。

舒欣的婆婆把自己的价值强加到他人的态度和需求中，这明显是两件事，却被混为一谈。别人满足了自己"想要被认可"的需求就高兴，别人没有满足自己就用行动指责对方，全然在意不到他人的需求和感受，这就是边界不清的表现。

她可能还觉得"我已经满心想着怎么对你好，你怎么还有不满呢"，在边界不清的自我感受中，她无法接受自己认为的好也会有让别人不舒服的时候，这种无法接受的委屈通过"自我伤害"这种行动化被表达之后，就让这个发生在她内心的"严重的问题"转而由他人承担了责任，舒欣就成了欺负婆婆的恶角色。

如果丈夫也分不清其中缘由，直接站在婆婆的立场，指责舒欣欺负婆婆，那对于舒欣而言无疑是受到了多重伤害——自己的需求被忽视了，还被无端指责，扣上欺负人的罪名，甚至被最信任和依赖的伴侣伤害。这也是很多人畏惧婚姻、畏惧要孩子的原因之一——在边界不清的关系里，在行动化的情绪表达中，各种无形的伤害在无可回避的地方暗流汹涌地压抑和刺痛着我们，让人像哑巴吃黄连一般有苦说不出。

当我们把某种道德要求过于苛刻地强加在自己身上时，就是在用道德绑架自己；当我们将其强加在他人身上时，就是在用道德绑架他人。这种绑架有时候是行动化的情绪表达，有时候是像上节提到的思想束缚，这些绑架会触犯人们内心的边界感，给人带去负面的感受。如果没有察觉，负面情绪就会堆积，侵蚀我们对生活的热情和对自己的信心，或者在人际关系中爆发，造成难以挽回的伤害。

在很多人的成长环境中，为自己都被看作"自私"的表现，因此，在亲密关系和家庭关系中，人们常常秉持"自己不重要，一切都是为别人"的想法。但这种没有"自我"的关系真的幸福吗？当我们所有的需求和情感都只能通过"为别人"来表达的时候，不也在让那个我们所为的"别人"来替我们的选择负责吗？我是为了家人，所以家人就应该体谅我的不满和不足；我是为了孩子，所以孩子就应该争气，给我长面子。

我们会在身边及影视剧里听到这样一种愤怒的表达："你骂我可以，但你骂我父母我忍不了。"这句话仿佛是释放我们愤怒的开关，说出之后往往就开始动手，用更加激烈的方式回击对方。但这种表达方式最值得关注的是：为什么"骂我"就可以忍耐呢？为什么自己受的屈辱就得忍耐呢？照这个逻辑，如果不牵扯到家人，矛盾就永远也没有解决的一天。如果不是为了别人，自己所有的痛苦和委屈都没有表达的理由。这是何等自我压抑的思考方式！如果一个人连自己的情感和需求都完全压抑、封闭，或者根本弄不清楚，又如何能够理解他人的情感和需求呢？如果他无法理解他人的情感和需求，又如何能够与他人建立起相互信任、相互依赖、有联结感的关系呢？

道德绑架并不是只存在于代际之间的矛盾，而是一种思维模式上的捆绑，它可能出现在任何群体中，应对它的有效办法，就是坚定地相信维护自己的利益是正当的，就是在自己内心找到一条"善良"和"自私"的分界线，明确自己的想法、需求，与他人的想法、需求之间的区别，也就是我们常说的"边界感"。

我们可以借用《非暴力沟通》[①] 中的表达方式来帮助自己明确边界。其中讲到我们在和他人沟通与交流时，应当诚实地表达自己，而不批评指责；同时关切地倾听和回应他人，而不解读为批评或指责。无论是表达还是倾听，我们需要遵循以下原则：

1. 表达我们观察到的具体行为；

2. 表达这些行为给我们自身带来的感受（而非想法）；

3. 讲明白什么样的需要和价值观念导致自己有这样的感受；

4. 请求（而非命令）别人做出丰富自己生命的具体行为。

具体而言，如果舒欣的婆婆能够表达说："我看到你不愿吃我做的饭，这让我感觉自己很糟糕。我希望能够照顾好你，所以当你拒绝的时候，我就觉得很挫败。你是否愿意告诉我，你为什么不吃，我怎么做能让你更好地被照顾到？"这样她就能直接言语化自己的感受，也能真正关注到舒欣不吃饭的原因，而不是把对方正当的需求当作对自己的指责和不满，从而引发误解和伤害。

---

① （美）马歇尔·卢森堡. 非暴力沟通 [M]. 刘轶，译. 修订版. 北京：华夏出版社，2021.

建立"透气"的良性沟通

在要孩子的过程中，夫妻生活可能会发生巨大的变化，经历着这种变化的双方可能会面临生活上和心理上的巨大挑战。比如女性会产生强烈的不安全感，男性可能会面对更大的物质和精神上的压力等；因为要孩子也会与长辈之间产生更多的生活交集，两代人因此不得不面对生活经历方面的巨大差异造成的代沟，甚至代际的心理创伤；有了孩子之后，和孩子之间的关系同样需要我们花精力去处理和应对。

有孩子之后，人与人之间的互动会比没有孩子的时候增加很多、复杂很多。在这种情况下，我们不仅需要更敏锐地察觉自身的需求和感受，辨别互动中行动化的情绪表达，更坚定地维护和坚守自己的心理边界；同时，我们也需要在沟通和互动中给自己和他人更多的允许和理解，尊重彼此坚持自己的需求、表达自己感受的权利。这些允许和尊重能够让人与人之间的关系更有弹性、更有活力，从而在动态中寻求平衡，应对生活中的种种变化和挑战。

一位男性在妻子怀孕期间因为内疚和自责感来到咨询室，他说："老婆生孩子都是因为我，她受那么多苦，我既心疼又自责，我愿意这辈子给她当牛做马。"他把妻子怀孕所承受的痛苦过分强加在自己身上，在之后照顾妻子的过程中，内疚感一直在驱使他，这让整个过程成了一种服役、一种压迫。当妻子产后身材难以恢复、健康问题频出后，他更加无法对自己释怀，觉得自己太糟糕了，简直成了罪人。这种自罪自责感让他不断攻击自己，自尊感降低，生活幸福感下降，夫妻生活也受到影响。他越来越觉得透不过气，难以承受。没过多久，他开始通过不断吸烟、喝酒来麻痹自己。

我们并不知道妻子对他的要求是什么，但显然，在他和妻子的关系中，内疚感几乎渗透到他生活的每一个角落，让他淹没在痛苦的感受中，逐渐失去快乐，失去体会幸福的能力，让他的关系和生活变成了一种煎熬。

在很多情况下，尤其是在要孩子的事情上，无法做到事事公平讲原则。这就需要亲密关系双方保持相对灵活而有弹性的情感流动，需要彼此更直接地表达需求，交流合作，相互理解包容，想办法排解负面的情绪。女性怀孕生子，在身体上要经历诸多困难和痛苦，情绪情感也更加敏感。女性通常担忧的是失去对方的支持，是不安，是分离。男性不用经历身体上的痛苦，但也要承担更多照顾对方的责任。这种照顾如果建立在真心体谅彼此的基础上，那么双方都会更舒服，关系也会变得更紧密——男人保护好妻子，妻子保护好孩子。但如果这种照顾是不情愿的，是在压抑自我的前提下去满足对方的需求，或是建立在极端自责和道德束缚下，不得不服从，那么这种压抑和被迫就可能会转化成负面情绪积累起来，直到某个时候突然爆发，甚至导致背叛和欺骗。

在刻板的性别观念中，男性并不被允许表达脆弱的情绪或者需求。事实上，除了愤怒，他们几乎不被允许表达任何情绪——也就是说，有时候他们自己都意识不到自己怎么了，为什么又重新开始吸烟，为什么过度沉迷游戏，为什么只想睡觉，为什么不想见任何人。这就使得他们在面对变化的时候，只能采用曾经习惯了的或者符合男性角色期待的防御方式来应对。

男性对于自身情绪情感的迟钝和压抑可能是多重因素影响的结果，可能从小就被迫认同某种身份暴力的要求（男孩子不能哭，不能婆婆妈妈，要像个男子汉一样做大事，遇到烦恼了只有"借酒消愁"或"借烟消愁"），也可能是受原生家庭影响，被某种习惯了的情绪所左右。

一个同事就曾吐槽她丈夫来单位接她下班的事情："他来单位接我，我本来挺高兴的，就问了一句：'今天怎么想到来接我了呀？'他说'我要是不来，你又该说我了'。好像他来接我只是因为不想我责怪他，听了就很不爽。"

妻子期待的是丈夫真的出于体贴、担心而接送自己，但如果丈夫那样回应，其实就在强化"我本来不想去，但如果不去，你会说我，你会责怪我"这种暗示。在这种表达中，妻子变成了伤害者，变成了总会用言语攻击和责怪丈夫的坏人。谁会去保护和照顾一个攻击自己的可怕的人呢？妻子因此非常生气。

本身丈夫来接是一件好事，但他好像并不是出于爱和关心。这
是为什么呢？

在与她交流的过程中，我发现她的公公婆婆对她丈夫的态
度充斥着指责、控制及不满。她丈夫无法摆脱父母的控制，却
又十分不情愿地被动服从，这是他需要面对的议题。或许她丈
夫把父母的形象投射在了亲密关系中的妻子身上，觉得对方会
指责和控制自己，一切行为都是以此为出发点而产生的，是相
对被动的，而不是以他自己的想法和需求为起点，他的需求被
习惯性地压抑了。

这种压抑给他自己带来的是打击自信的无力感，给对方带
来的是距离感和疏离感，都是不利于关系的感受。只有当他意
识到这个困住他内心的问题时，他才能够跳出自己的投射，看
到真实的妻子，看到妻子真实的需求，才能够在现实层面和妻
子发生亲密互动与情感联结。

就像萨提亚在《新家庭如何塑造人》一书中所说的那样："好
的家庭不惧怕问题，而是能够允许问题的出现，并且会想办法
沟通，用尽可能不让成员受伤害的方式解决。"①

好的关系同样如此。每个人对关系的预期多多少少会存在
差异，而想要在现实层面让彼此更适应对方，就必然需要面对

---

① （美）维吉尼亚·萨提亚. 新家庭如何塑造人 [M]. 易春丽，叶冬梅，译. 第二
版. 北京：世界图书出版公司，2018.

一个又一个因差异而产生的矛盾和问题，去沟通、协商，相互理解并达成共识。也只有这样，关系才会向着越来越舒适的方向发展。

而其中对问题和矛盾的允许，就需要我们既允许别人，也允许自己，表达不同的意见，说出不同的看法，尊重彼此的感受和需求。

请想象一下：如果让你在一个房子里保持同一个姿势待着（无论是站着、坐着还是躺着），一动也不能动，维持一整天，你肯定难受得难以维持；但如果在同一个房子里，你可以坐着，可以躺着，可以站着，就这样待一整天，你会觉得完全没问题；如果再加上可以看电视，可以洗澡，可以与人交谈，那么就能更舒适、更放松地度过这一天。

可见，一定程度上的自由选择和自我满足的权利，是维护我们内心自主感和自信心的必要条件。

当我们允许彼此表达自己的感受，允许彼此有被期待和被要求之外的需求和选择，关系双方就可以不被局限于某种既定的枷锁中，从而体会到更多自由和关系之外的空间。也正是这些空间，能够帮助我们自我调节，更有弹性地面对关系中的问题，而不是被淹没在某种令人窒息的过于紧密或僵化的关系中，痛苦又相互伤害。

如果能够意识到并且尝试解开束缚自己的枷锁，就不会轻易用束缚自己的枷锁去束缚别人，从而能够逐渐认清人与人之间的边界，让人际关系进入更加良性的循环。

WHY ARE YOU AFRAID OF HAVING CHILDREN

第八章　与挫折同行

生育是一件需要不断面对各种困境，解决多重问题，无数次从跌倒中爬起，接受并带着接踵而至的不完美持续走下去的过程。这样的过程对我们的心性是一种考验，在心态上做好与挫折同行的准备，能够帮助我们更好地面对可能遇到的困难。

幻想中的完美与现实中的挫败

不恰当的期待导致习惯性的挫败

同一个班的同学，小李考了 98 分，他觉得自己明明不应该出错的，但马虎导致扣了 2 分，他十分自责，拿到卷子就趴在桌上大哭；而小王考了 60 分，他觉得自己这个分数刚刚好，不用重修了。

为什么考试考了 98 分的学生会觉得自己没考好，自责地哭泣？

为什么考了 60 分的学生会觉得自己努力得刚刚好，一分不多一分不少，甚至会觉得自己很棒？

因为他们对考试分数的期待不一样。

当然，考 60 分的人也有可能抱着破罐破摔、无所谓考几分的心态，不同的预期决定我们的目标和方向，决定我们可能会达到的高度。我并不是要分析某种心态或期待的对与错，而是要通过这个简单的差异，揭开背后的道理——我们内心体会到的挫败与沮丧，往往和我们对事情结果的期待有关；如果我们总是无法实现期待中的样子，那我们就总是会体会到挫败、沮丧，长此以往，这种感觉会影响我们的信心和自我价值感，甚至磨灭我们对生活的期待。

小宇在找房子的时候，想要找一间装修风格好、交通便利、价格合适、窗外视野良好、楼层高，以及功能性好、比较实用的房子。她花了一周的时间，几乎跑遍了她能找到的所有房源，却总是失望。她几乎陷入了崩溃。

我问她：没有找到你期待中的房子意味着什么呢？

她说：意味着我的计划被打乱了，很闹心；还意味着我要重新调整预期，重新花精力找，而预期只会越来越低。

她的回答反映出了至少三重沮丧和失望：

1. 一开始想要找的预期中的完美房子没有找到，她感到失望。

2. 因为没有找到理想的房子，她对此次找房计划中自己的安排能力感到失望。

3. 对自己不得不降低预期这件事感到懊恼和挫败——为什么我要妥协？

因此，她对于未来还要花时间继续找房这件事感到无力，缺乏继续的信心和勇气。此外，加上小宇在感情和工作中的诸多"失望"，她彻底陷入了崩溃，情绪非常低落，"我甚至哭都哭不出来。我感觉自己觉也睡不好，起床的时候也不清醒，眼睛一直都是肿的。不只是眼睛，我好像全身都肿了"。

　　不只是小宇，很多人在压力大的时候会有变胖、"压力肥"的情况，其实是有依据的——研究者发现，人类大脑中汇集着我们各种感受的下丘脑区域和我们的免疫系统之间存在双向作用，有着诸多联系。①

　　挫败感和无助感无疑会让我们失去希望和尝试的勇气，对很多感受变得更加麻木和迟钝，代谢会变慢，可能免疫系统的运作也会减缓，因此更容易变胖、生病；相反，感受到他人对自己的关注、关心和支持则可能会激发免疫系统的运作。这可能也是为什么我们在一段时间高强度的压力和紧张过后，放松下来的时候反而会生病——我们的免疫系统终于可以恢复对入侵病菌的侦查，从而表现出正常的身体免疫反应。

　　可以想见，心理状态和身体状态是相互影响的，当我们被鼓舞、被支持、被相信，当我们对自身和未来充满信心与期待的时候，我们的身体机能也会更具活性。

　　那么这就说到了非常重要的一点——挫折让一个人感受到

① （美）怀特，韦纳. 自体心理学的理论与实践 [M]. 吉莉，译. 北京：中国轻工业出版社，2013.

挫败的程度。如果一个人对事情的进展抱有过于完美的预期，就很容易体会到挫败；如果不完美带来的挫折对于这个人意味着自我怀疑，甚至是自信心的破碎，那他体会到的挫败程度就会比一般人的严重很多。长此以往，他可能会习惯性地产生无力感，失去继续尝试的勇气。而自恋受损的人，恰恰更容易从任何一种挫败或不够好的线索中开始自我怀疑，体会到自我的糟糕，这种感受对他们而言可能会比自恋健康的人更痛苦、更严重、更频繁。

从小宇的例子中我们不难看出，她对于事情有着过于完美的要求和期待，而当这种期待没能实现的时候，她就会产生多重失望感。她对自己的信心和期待就好像肥皂泡一样，美丽却易碎。

这种习惯性的挫败和失望，往往和我们从小发展出的对自己的爱（自恋）有着紧密的联系。如果我们相信自己本来的样子就是值得被喜欢、被爱护的，那么我们就能够对自己抱有更贴近现实的期待，就能够更客观地看到自己的好与不好，在好的时候感到自己真棒，在不好的时候给自己打气。

如果我们深信，自己本来的样子是应该被嫌弃的，是不值得被喜欢的，只有完美的样子，只有别人喜欢和期待的部分，才是值得被喜欢的，那么我们可能会时刻想要表现出那种我们以为会被喜欢的样子，而当我们达不到的时候，就会体验到对真实的自己的责怪和嫌弃。

因此，自恋受损的人很可能会用自己对世界的控制感或完美的幻想去维持自己的自尊。如果事情按照自己想象的发展，这种控制感实现了，那么自己还不错的感觉也就被维持住了；但如果事情没有按照想象的发展，就会对自己很失望，进而陷入追求表面完美实际内心脆弱的状态中。在这种感觉中，糟糕的自己如影随形——他们在追求和实现完美的过程中时刻防御着糟糕的自己，没有实现完美的时候，就在斥责糟糕的自己。

著名诗人顾城在 13 岁时就曾写下《我的幻想》一诗，这首诗用来概括追求完美者屡屡失望、受挫的感觉非常合适（当然，本节中涉及的完美幻想未必是诗人所表达的含义）：

　　我在幻想着，幻想在破灭着；

　　幻想总把破灭宽恕，破灭却从不把幻想放过。

对小宇而言，她缺乏那种在困难和挫折中、在别人信任的目光中尝试自己站起来，在别人的理解和支持中解决问题，并且受到鼓励和认可的经验，她的成长经历更倾向于——只有结果完美才会被父母看见，做不好的时候就会被父母挑剔。在她的印象中，父母很少鼓励和教导她，对于她做不好的事情，父母就在贬低和指责她之后全权包办。她也并不相信自己能做好，只能用完美的幻想来防御自己内心混乱的自卑感。对她而言，世界并没有那么真实：当事情按照她期待的发展时，她觉得自己比谁都厉害；而当事情没有按照她期待的发展时，她就会对重要关系中没帮助自己的人表示愤怒，或者对自身挑剔和失望。

对比而言，这种失望感超出了正常的程度，这不仅是对事情本身的失望，也是对完美期待破灭的失望，是对内在信心的打击，她已经付出的努力都会因为结果不够完美而被全盘否定和丢弃。而且这种沮丧与对自己的失望还可能会层层叠加，各种事情都会变成她对自己失望的理由，于是更容易情绪崩溃。久而久之，她的内心对困难和挫折形成了一种"习得性无助"，她认为自己做什么都不行，从而失去了对生活的兴趣和期待。

这也就是为什么我们看到的完美背后往往有着一个极其严苛的挑剔者，看似完美的人的内心总是体会着挥之不去的自责感甚至抑郁感。

在以结果为导向的教育观念中，和小宇类似的孩子并不少见，他们拼尽全力成为最优秀闪亮的那颗星，只为获得被爱的资格；一旦不再优秀闪亮，他们就仿佛失去了全部的自我价值。这样长大的孩子在面对充满挫折和不完美的婚育过程时，很可能会感受到极其强烈的失望和挫败感，不够完美的现实很可能会一直打击他们实践婚育决定的勇气和信心。

允许不完美的存在

人生是一趟学会与遗憾和平共处的旅行。

在非洲的某些地区，山里的猴子经常跑到农田里祸害庄稼，当地人就发明了一种捉猴子的办法——在很重的罐子里放一些米，而罐子口正好是猴子的手掌缩起来可以通过，但握紧了拳头就无法通过的大小。猴子偷米的时候，会因为手里抓了一把米握起了拳头而拿不出来，但猴子抓住了吃的又不愿放手，于是会带着沉重的罐子一起跑，而速度就会明显慢下来，就这样被人类捉住。

猴子被捉住，是因为它们抓住吃的不愿放手的本能。在面对挫折的时候，像小宇这样因为过高的期待而总是体会到失望和挫败的人，其实就像被捉住的猴子，为了自己不愿放手的完美的幻想，无法允许任何正常的错误和不完美，导致前进的脚步越来越沉重，甚至把自己拖垮。

任何不符合期待、不够完美的小事都会让他们内心的糟糕感觉越发沉重，因为完美是让他们感觉安全和美好的唯一途径，就算虚假，也是身处恐慌与不安中的他们唯一的抓手。

过分在意结果的好坏，甚至用结果来衡量自身的价值，其实是一种让人感受非常负面的认知模式。如果总是认为完美是应该的，那么就算做到了完美，也不会有多开心，只会觉得那是自己应该做到的；然而一旦有不完美出现，就会开始焦虑、自责、懊恼，感到挫败和沮丧。

这种思维方式带给人们的是自己很糟糕的体验，对于提升信心没有任何好处。人们需要适当地看到自己的优点，看到自己已经达到的高度、已经拥有的美好。如果我们真正看到属于自己的好的东西，就能够体会到快乐，感受到自己的价值和意义；如果我们真正看到自己在过程中的不易，就能够懂得欣赏和心疼自己；如果我们祝贺和佩服已经成功克服了一些困难的自己，就能够更加相信自己克服其他困难的可能性。

在过分强调结果的教育环境中，竞争的输赢、成绩是否优秀、答卷是否完美是大家都在关注的结果，这也让很多在这种环境中长大的年轻人习惯了用外界的评判标准来取代和定义自身的内在价值；但在复杂而充满未知的人生中，对于每个面对生活的人而言，他们需要的是在过程中坚持的韧性，是面对挫折和挑战的勇气，这种韧性和勇气无法依靠外界的评判获得，而是来自自己内心深处的坚定和信心。

我们作为社会中的一员，很可能同时处在多种环境中，既会面临激烈的竞争，同时也在面对每天具体的生活。因此，学会在不同情境中调整内心的期待，在生活中允许一些不完美的遗憾发生，能够帮助我们维持自信，减少挫败的体验。

　　如果我们的幻想更现实一些，就能给自己可以接受的以更大的空间和范围。事实上，你所经历的生活本身就是幻想和幻想破灭的灰色地带。

　　想要在现实生活中实现理想，首先就必须了解现实，预估和调整理想与现实之间的距离；接受如果要尽可能实现理想就需要克服更多困难与挫折、付出更多代价这一事实。

　　婚恋过程及生育孩子的过程，恰恰是一个需要面对和接纳诸多不完美的过程，是需要不断面对挫折，发现问题、解决问题，协调人际关系的过程。

　　恋爱通常至少包含三个阶段：热恋期、磨合期、稳定期。其中最重要的就是磨合期。在磨合期，热恋时对彼此的理想化一定会在某种程度上破灭，这是两个人在相互了解到对方身上不那么理想的方面以后，相互适应、包容、妥协的一个阶段。这需要伴侣双方都能用一种相对平和的心态看待关系中问题的出现，需要彼此相信问题可以得到解决，以及彼此之间的情感沟通和交流协作。

　　当然，有的伴侣可能直到结婚之后，相互之间都不是很了解，直到面对生育问题，彼此的问题才呈现出来，矛盾才逐渐凸显。

　　在要孩子的过程中，我们更是会遇到很多不符合期待的事情——女性的身体变化，夫妻之间情感互动中的矛盾，生育带来的生活上的艰难和窘境，等等。如果我们总是期待事事完美，事事不留遗憾，身边的人都能够像自己期待的那样表现和沟通，那么在这个过程中，我们一定会经常感觉到挫败和失望。如果我们还为这些失望、不完美附加了很多意义，比如"一旦老公表现出让我失望的行为，那就说明他根本不爱我""一旦出现意料之外的事情，就说明我对生活失去了掌控""一旦出现没有做好的事情，就说明我的能力不足，我很差劲、很糟糕"……那么随之而来的糟糕感受会在第一波失望和挫败之后接踵而至，继续攻击我们，加深我们的负面感受，甚至使我们陷入抑郁。

要想更平稳地度过婚恋中的磨合期与生育孩子的艰难时期，重要的是允许问题出现，允许不完美发生，加强与困难和挫折同行的觉悟，相信问题能够被应对和解决。

培养孩子克服挫折的信心

恰到好处的挫折

我们每个人面对挫折的信心都是在不断遇到挫折、克服挫折、了解自己、认识世界的过程中培养起来的。尤其是在成长过程中，如果能够多经历一些我们经过努力可以克服的困难和挫折，将会非常有利于我们培养应对挫折的信心。虽然对于已经长大的成年人来说，已经过了培养信心的关键时期，但了解孩子在成长过程中关于挫折的体验，能够更好地帮助我们理解如何在当下的生活中培养应对挫折的信心，同时也能够了解养育过程中培养孩子抗逆力的关键思路。

挫折是孩子成长的阶梯，阶梯太高可能会影响孩子攀爬的信心，形成挫败、无助或依赖他人的惯性心理；阶梯太矮则无法让孩子得到真正的锻炼，容易让孩子对困难产生错误的预期。因此，想要让孩子既能得到锻炼和成长，又能够积累克服困难的勇气和信心，就需要恰到好处的挫折。

温尼科特（D.W.Winnicott）按照时间对孩子经历的挫折进行了分类，当孩子忍受某种挫折的时间超过了他所能承受的极限，那么这种挫折对孩子而言就成为一种伤害；但如果没有超过这个极限，就可以被看作恰到好处的挫折，可以促进孩子的成长。①

比如，今天你哄宝宝睡着用了一个小时的时间，唱了很多歌谣，讲了两个故事，直到宝宝睡着你才离开；而几周之后，你少唱一会儿歌，或者在宝宝入睡前离开，宝宝就需要自己寻找自我哄睡的方式，逐渐也能适应，这就是宝宝能够承受的挫折。② 但如果你前一天用了一个小时哄宝宝入睡，过两天你心情不好就不哄了，任宝宝哇哇大哭也不理会，那对孩子来说就是一种创伤的体验。

当然，孩子在成长的不同阶段面临的问题不同，能够承受的挫折程度也不同。这就需要家长敏锐地关注和理解孩子内心的需求，以及承受困难的限度，才能够让孩子在恰当的挫折感中成长。

比如，半岁的孩子非常依赖妈妈，需要和妈妈保持十分亲

---

① 曾奇峰. 隐秘的人格：人格怎样决定命运 [M]. 北京：北京联合出版公司，2022.
② 王嘉悦. 隐形创伤：如何疗愈看不见的童年伤痛 [M]. 北京：人民邮电出版社，2022.

密的关系，需要透过妈妈的视角来看待和感受世界；但两三岁的孩子可能更需要自己去尝试和探索，在学习和挑战中了解自己的能力，建构独立自主的意识。如果让半岁的孩子独立，那就是过分的挫折，是一种伤害；如果强迫两三岁的孩子待在你的怀里，什么也不能做，无视孩子自己的想法，或者极力阻挠孩子的尝试和探索，那就是在剥夺孩子体会挫折的权利，在阻止孩子的独立和成长。

抓太紧了不行，放太松了也不行。有人可能会觉得给孩子恰到好处的挫折好难呀！但其实并非想象中那么困难。年轻的父母如果能够充分了解正确的做法，就能省下很多时间和精力。

其中的关键就在于对程度的把握。家长并不需要自己去计算和决定孩子能够承受的限度是什么，因为每个孩子的成长有自己的节奏，最简单的办法就是试探，试探孩子能够承受的限度。

这也是心理咨询师在咨询过程中常用的办法。比如咨询的目的是让来访者觉察到内心那个被忽视的小孩，那个内在小孩非常痛苦，来访者一直在用回避的方式避免体会这种痛苦，但只有他感受到内心的这一部分，心疼自己，站在这个被忽视的小孩的位置去理解自己，他才能够有更深刻的成长。而在这个过程中，咨询师会不断抛出一些问题，来试探来访者是否能够理解自己的防御是在逃避某种感觉，如果来访者不愿意识到，那说明他还没有准备好，咨询师就可以先不触及此处；如果来访者逐渐意识到，或者愿意去谈论这种想要逃避的感觉，那说明他准备好了，咨询师就可以更多地谈论这一部分。当然可能会有反复，但只要意识到反复，咨询师再重新评估和试探，就可以重新与来访者当下的感受联结起来，继续做准备。

至于家长对孩子的承受限度的试探，比如孩子到了断奶的阶段，直接断奶并非明智之举，父母可以先尝试加一些辅食，减少奶量，看孩子的适应情况，进而逐量推进，直至孩子完全适应。当然，如果孩子的反应非常强烈，执着于奶水，那也可以尝试恢复奶量，或者用别的办法安抚孩子的情绪。在这个动态试探的过程中，父母需要观察孩子的情绪反应，理解孩子的需求和感受。有联结感的互动是让孩子安全舒适的关键。"做60分的妈妈就可以了，没有做的40分就是恰到好处的挫折"①，而这个40分的合适程度正是这样试探出来的，省下的时间和精力家长就可以做其他想做的事情。

然而，不成熟的父母往往难以做到这一点。正如第七章中我们谈及的那位追求完美的妈妈，她过分在意自己对孩子的照顾是否周全，是否达到了自己认为的万无一失，执着于追求做100分的妈妈，但她的重点跑偏到了照顾过程是否完美上，传

---

① 丛非从. 理解愤怒 [M]. 桂林：广西师范大学出版社，2021.

递给孩子的恰恰是不能出一丁点差错的紧张感。在上一节小宇的例子中，她的父母对她的探索和尝试总是贬低的态度，和第五章中小桦的父母一样，是一种"你是小孩，你什么都不懂，什么都做不好，都得依靠我来帮你才行"的态度，其实就是在剥夺小宇自我探索和尝试的权利，在打击她的自信心。缺少了挫折带给她的思考和尝试，缺少了现实中的困难和克服困难的过程，她就只能用幻想中的完美自己来建构虚假的自信。

这些不成熟的父母都存在类似的问题——过分在意自己内心的情绪，被某种执念或者感受所淹没，失去了对孩子的理解和信任，失去了与孩子之间有联结感的互动。

常言道："人教人，教不会；事教人，一教就会。"其实说的也是这个道理。这件"事"是被教导的人内心在意的事，是有联结感的事，是那些他觉得自己能做成，但过程并不像自己想当然那样的事。这样的"事"能够教人成长，拓宽人对现实的理解，促使人对过去进行反思，收获更贴近现实的领悟和进步。

作为已经长大的成年人，我们同样可以用这种孩子通过恰当的挫折建立自信的方式来重建或巩固自己内在小孩的信心和勇气。我们可以像温柔的抱持性的父母那样，多体会自己想做什么、感兴趣什么，允许自己做尝试，相信自己可以做好。

在遇到困难的时候，可以尝试先从自己能做的事情入手，把大的问题化解成能够上手、容易去完成的小问题。不论结果如何，你可以尝试留意过程中自己已经付出的努力，已经达到的高度和成就，给自己以鼓励。

当我们能够克服重重困难，做到自己想做的事情，实现自己的渴望和期待的时候，我们就能够建立起更加坚固且难以动摇的信心和勇气。

信任与放手

> 你的孩子，其实不是你的孩子
>
> 他们是生命对于自身渴望而诞生的孩子
>
> 他们借助你来到这个世界，却非因你而来
>
> 他们在你身旁，却并不属于你
>
> ……
>
> ——纪伯伦《致孩子》

恰到好处的挫折能够给予孩子独自面对困难和未知的勇气，相信问题能够被解决的信心。正是有了这样的勇气和信心，孩子才能够逐渐脱离对父母的依赖，依靠自己的力量去面对自己的人生，还可以给予他人以温暖和慰藉。

在这个过程中，孩子会逐渐拥有自己的空间、世界观与价

值观，父母可能会感受到孩子正在与自己逐渐分离。如果父母不相信孩子与自己分离后能够独立面对世界，可能就难以放手让孩子经历成长所必需的挫折，那么孩子就无法在挫折中建立恰当的自信。父母对自己和孩子的信任，是培养孩子面对挫折的勇气和信心的基石。下面就来详细谈谈如何实现这种信任。

1. 信任作为家长的自己

信任孩子的前提是我们建立对自身的合理信任，如果我们过分自卑，很有可能也会投射给孩子，认为孩子难以独自面对很多事情，因此难以对孩子放手；或者寄予孩子过分的期待，颠倒父母和孩子的角色，事事依赖孩子，让孩子帮自己解决问题。

还记得一位妈妈在月子中非常担惊受怕，总觉得自己不会照顾孩子，婆婆告诉她应该这样，保姆告诉她应该那样，自己的妈妈又是另一番建议。她总是听从别人，缺乏自己照顾好孩子的信心。微妙的是，孩子就表现出了对关系的紧张感——在有他人在场的时候，孩子就会哇哇大哭；如果只有妈妈在，孩子就比较平静。可见，孩子能够体会到妈妈内心对关系的紧张、对外部世界的恐惧。这个孩子如果持续认同母亲的这种恐惧感受，就很有可能发展成过分依赖母亲、寻求母亲保护，而无法面对和处理自己所遇到的问题的状况。

当然也存在另一种对自己缺乏信心的父母。自己做不到的事情，他们总是期待孩子能够做到，期待孩子维护自己，给自己"长面子"。这一种情况也会导致孩子自恋受损，很容易让孩子产生这样的心理——如果做不到父母所期待的，自己就不值得存在、不值得被爱，从而陷入对完美的执着和内心的脆弱中。

可见，父母对自身的信心，父母对关系的态度，在养育孩子的过程中起着非常重要的作用。其实，照顾孩子是人的一种本能，我们每个人内心深处都有一个渴望被照顾、渴望被喜欢和爱护的孩子，这种渴望在指引我们给予恰当的照顾，无须怀疑，这种能力就藏在我们体内。

在孩子生命早期，母亲对于孩子而言是比任何人都重要的角色，母亲和孩子之间有着天然的纽带。在给孩子喂奶时，在看着孩子眼神中的兴奋与疲惫的变化时，在与孩子分离和重聚时……每一个互动都让母亲更了解孩子，让母亲和孩子之间建立起一种相互依赖的关系。这是作为母亲自然而然就能体会的感觉。正如温尼科特所描写的那样：

当母亲相信自己的判断时，她会做得最好。

让母亲按照她们喜欢的方式做事，一旦母亲们有了这样的经验，她就会发现自己的内心可以是充满母爱的，这是最重要的关键，就像作家提笔疾书时，都会讶异地发现自己居然文思泉涌，而母亲则会惊喜地发现，跟自己的宝宝接触时，分分秒秒都很丰富。

如果她们只是按照别人的要求育儿，或者只选择向高明的人请教育儿经验，这些都不是最佳的育儿方法。应该用自己最自然的方式养育孩子，并在育儿经历中得到成长。①

这是爱和情感自然而然的流动，是人类一种美好的本能。当然这也需要一个前提，就是母亲的身心健康处在一个相对良好和平稳的状态，这样她才能全身心地投入对孩子的关爱；而母亲的身心愉悦也需要身边人的维护和支持。因此，养育孩子绝对不是母亲一个人的事情，而是整个家庭的配合，是爱在家庭成员之间的流动。

此时，孩子的父亲，或者家里的长辈，一定要尽可能地去关心和理解孩子妈妈的需求，让妈妈感觉到被保护和被支持。虽然站在不同的角色和立场上，可能会存在各自的困难，但只要努力做了，对方是可以感觉到的。保护和维持好夫妇和孩子共同构成的这个小家，对于这个阶段的妈妈和孩子而言是极为重要的支持。

---

① （美）温尼科特. 妈妈的心灵课：孩子、家庭和大千世界 [M]. 魏晨曦，译. 北京：中国轻工业出版社，2016.

年轻的父母之间也可以相互鼓励，发现彼此做得好的地方，强调相比过去的成长和进步，增强对养育的信心。

2.信任孩子能够成长为他们想成为的样子

抚养孩子过程中的辛苦付出都会成为孩子好好生活、有信心面对和处理问题的养料，当然，在和孩子的相处过程中，作为付出更多的一方，父母一定也会体会到很多不舍，难以面对分离。

这可能也是作为父母必然会遇到的人生挫折之一——真正信任孩子，真正放手，接受与孩子的分离。

每个人都有自己的节奏，有自己成长的步伐。你无法越过时间的高墙，让一切按照你的期望发展。就算你看似顺利地做到了，也很可能会有出乎意料的事情在前方等着你。

在时间上，在心灵的成长上，上天往往是公平的。经历多少痛苦，并且从中站起来，就能够获得多少成长和收获。如果你希望孩子不经历痛苦就能得到一切，那无疑是在树立一个不可能完成的目标；况且，有些痛苦是他不得不经历的。我们可以在事业上、在自己的人生中尽可能地去面对困难和挫折，那会让我们更加勇敢和坚强，但在养育孩子这件事情上，干预的程度和放手的程度会影响到孩子内心的发展，对于这个"度"的把握就成为养育孩子的关键。

　　当你被父母的想法所控制、所摆布的时候，你可能会觉得被动又无助，认为父母不应该干涉属于你的人生。你会这样想，你的孩子也会。你觉得自己给他的就是他所需要的，但事实上，他来到这个世界就有自己的选择权，他可以有自己的意愿，并且尝试去实践和承担自己的选择。

　　不要以为你会成为孩子的"全世界"，你只是带他来到这个世界，然后陪他走一段路。看起来，这段路上是你在照顾他，但其实你也有所收获和成长，有新的希望和满足。无须给自己太大的压力，要求自己为孩子的一切铺好路、给孩子想要的一切，这只会让自己痛苦，也让孩子徒增烦恼与内疚。

　　从这个角度看，我们需要做的其实很简单——相信孩子，让孩子意识到自己有主动权和力量去探索和创造，这就够了。发现孩子的亮点，相信孩子能够依靠自己的力量解决问题，并且给予鼓励和支持。他所能创造的可能远远超出你所能给予的。你的信任是孩子成长和信心的源泉。

第九章　识别性的心理意义

性行为在很大程度上受到心理因素的影响，它和绝大多数生育行为有着直接且必然的联系，但性行为背后究竟是怎样的心理因素在起作用，却少有人明晰，而这些心理因素很有可能影响到我们能否对生育决定负责。

因此，明确性行为背后的心理因素和心理意义，能够帮助我们更理性地看待性行为与生育决定，从而更好地为我们做出的选择负责。

性的心理意义

性行为是一种肢体互动，但同时也是一种情感互动。它和生育有着必然的联系。怀孕和生育是性行为的结果，但不一定是人们预料之中的或者想要的结果。而一旦选择生育，就要面临抚养孩子的现实。

只有当人们考虑到自身是否能承受性行为的生育结果这一问题，并且对性行为的结果进行一定程度的控制，才能够把性和生育分开看待，才能够在享受性行为的同时，更好地把握生育的时机，使其与自身的人生规划更好地适应，也使自己更好地为养育行为负责。

只有尽可能将性行为和生育分开看待，才能让二者的发生更加符合人的主观意志安排，而不是被动接受。主观意志安排意味着预防和避免问题的发生，提前做好准备。让人们掌握更多的主动权，是促进优生优育的必要前提。被动接受则意味着不得不面对和解决已经发生的问题，不得不接受无力改变的结果。生育问题中的主动和被动是共存的，难以完全区分，这就需要我们在这二者的中间地带做出更多努力。

性行为的微妙之处在于，对于动物而言，它是一种生存和繁衍的本能；但对于人类而言，它受到情绪情感、个人意志，以及更加复杂的心理因素的影响——人类的性行为是具有心理意义的，而且这个心理意义很可能会影响到双方在性过程中的感受以及生育结果，具体到行为双方彼此的沟通、关系质量，以及双方个体的心理状态、身体状态、情绪情感体验、个人意志等等。但性的心理意义对于现代人而言依然并不清晰，还是一个相对未知的领域。

然而，就算还有很多未知没有被探明，伴侣双方个体的心理状态、双方关系模式等因素与性行为之间的联系，依然会直接反映在生育的结果上，反映在对孩子的抚养和教育上，影响着孩子的心理健康发展。因此，这个课题迫切需要进一步探究。

人们的性行为究竟因何产生？背后有着怎样的心理感受？很多人可能会回答，因为对方的需求，因为一时的冲动。但为什么会冲动，如何控制自己的冲动，不同的性欲望背后有着怎样的需求和幻想……更深入的原因，可能很多人就答不上来了。

问得越细致，人们可能越困惑：我的身体为什么会这样？这应该是最神奇的事情之一了。心理与身体之间的相互影响本身就是当代医学和心理学都非常感兴趣但还不明朗的一个领域，而性行为的过程恰恰是身体和心理相互影响的结果，是这种影响外显的表现，而由于国内社会文化的影响，人们对其难以启齿，加之涉及伦理，更加难以展开研究。

社会学家李银河曾提到性的七种意义[1]：

1. 繁衍后代

2. 表达感情

3. 单纯的肉体快乐，纯粹为了性快感

4. 追求延年益寿（如房中术等）

5. 维持生计（性工作者）

6. 维护人际关系，缓解群体冲突（和亲、联姻等）

7. 权力的表达

当然这七种意义是从现实效用的角度来说的，非常客观地总结了性在社会生活中的不同意义。其中表达情感、肉体的性快感以及权力的表达这几种意义均涉及心理和生理层面的相互作用。在此，我们可以做出更细致的提问：性是如何被当作权力表达的途径的？性行为所表达的情感都有哪些？什么样的关系和感受会影响性快感的体验？

---

① 李银河. 李银河说爱情 [M]. 北京：北京十月文艺出版社，2019.

说到权力的表达，用"征服"一词可能更为形象。通过性行为体会征服与被征服的感觉，自古就已存在，一方或双方会很在意主动和被动的角色。奴隶主和奴隶之间，古代君王与男宠之间，以性行为表达权力关系的成分很重，其中一定是权力更大者占主导地位，如果反过来，那么就是僭越。① 我们可以推测，在这种关系中，征服者在性过程中体会到的可能是占有对方、控制欲望的满足，以及一种自己可以让他人做任何事的强大感和全能感；而被征服者的体会可能因人而异，有人会觉得自己失败了，被占有、被击溃了，有种被伤害的破碎感和低自尊感；也有人会觉得被上位者宠幸是无上荣耀，是一种幸福的体验，以至于迫切地想要被征服——被征服也是某种意义上的拥有和被关怀。

权力的表达在现代人的性心理意义中也相对普遍，只不过有程度的区分，比如常见的是动作和体位上的主导和被动。主导一方的性行为所表达的情绪可能包含占有、征服或者攻击等，而被动一方所表达的情绪可能是接纳、需要、拥有或者被征服等。当然，性行为所表达的情绪感受远不限于此。

而当征服和控制的方式更加激烈和极端时，就表现为施虐和受虐的形式。这种施受虐的性行为方式也有程度的划分，但

---

① 李银河. 李银河说爱情 [M]. 北京：北京十月文艺出版社，2019.

往往伴随着暴力和痛苦，其程度也不好把握。不难想象，在这种形式中，施虐者的攻击性更为暴力，受虐者所受到的伤害也会更大，而这些都很可能是行为者内心对于施虐和受虐体验的一种外化表现，在性行为中就被称为性欲化表现。

这就不得不提到一种相对危险的性欲化表现——把对方的暴力控制所引发的无力感和愤怒情绪通过性欲化的方式表达出来。

一个从小受抚养者虐待的女孩叙述道，自己总会在被迫发生关系的过程中体会到性快感。在各种被虐待的过程中，她的自尊感和自信心已经被摧毁、破碎。她在生活中习惯了被强迫去做各种事情，自己的意愿总是被否定、被贬低、被忽视，也因此逐渐习惯了待在一种被伤害、被控制、被侵占的关系中，甚至她的内心已经被塑造成了这样，仿佛这就是她被在意的方式，只有这样，才能唤起她与亲近的人产生联结的感觉，只有在被侵犯的时候，她才觉得自己的价值被肯定了。这种在被控制和侵犯中产生依赖感的情况很可能会发展成不同程度的斯德哥尔摩综合征。而具有虐待特征的性行为反而更符合她内心对关系的期待——她可能会认为自己不配被关心、被爱、被好好对待。受虐者的自尊往往低到人们难以想象的程度。正如涉及性虐恋题材的小说中描写的那样，被伤害的痛苦让他们觉得舒服，性器官的接触就像一种赏赐，更严重的可能连被动的快感都会引发其自罪自责。在这种性行为中，蒙上眼睛是常见的做法——很明显，这是在放大内心感受和继发的想象以影响其生理感官。

但这种感受明显是一种创伤性体验，性欲化表现只是身体在面对这种创伤体验时的防御方式，而且这种防御方式并不总是奏效，痛苦和伤害才是其主旋律——因此，性欲化其实只是一种防御痛苦的方式，很难真正帮助受伤的人获得心灵上的疗愈和成长。倘若在这种关系中怀孕并生下孩子，养育过程中也很可能充斥着虐待和创伤。

性行为的目的

弗洛伊德是精神分析学派的创始人，被誉为"精神分析之父"。他非常强调性欲望对人的内心产生的动力作用，进而提出了本能理论来解释人的行为动机，其中生本能就是性欲望的良性表达，包括自我本能和性本能两部分。自我本能是指为了生存而趋利避害的行为，而性本能是指和精神满足有关的对快乐感觉的追求。日本著名社会学家上野千鹤子提到，社会学学者作田启一用简明的说法，将这两者表达为"成为的欲望"和"拥有的欲望"。[①]

具体而言，"成为的欲望"包含了人们对自身想要成为的样子的期待，比如有人内心渴望着自己能够成为和某个异性一

---

① （日）上野千鹤子. 厌女：日本的女性嫌恶 [M]. 王兰，译. 上海：上海三联书店，2015.

样乐观开朗的人，于是会对这类异性产生性欲望，这种欲望可能来自对自己想要成为的样子的渴望。"拥有的欲望"则包含了人们对渴望的事物的憧憬，比如喜欢颜值高的人，喜欢年轻健康的人，喜欢拥有更多权力和财富的人，等等。当然，两种欲望所包含的内容远比描述出的这些更加丰富。

或许在性的心理体验中，征服与被征服的感受就和这种"成为的欲望"和"拥有的欲望"有着千丝万缕的联系。

当然，性的心理意义远不止征服与被征服这一种，还有很多其他因人而异的感受和意义，和我们的成长经历有着密不可分的关系。

性也可能成为一种愤怒的表达方式。曾有节目报道过一名罪犯的作案方式，他在路上看到穿短裙的女孩，就会跟踪其到家门口，在对方掏钥匙开门的瞬间，闯进对方家里，连续作案十几起，终于在一次未遂后被抓。经审判了解到，他小时候父亲就经常带着穿短裙的性感女郎回家，之后父母离婚。对他而言，穿短裙的性感女郎就是罪魁祸首，他内心恨透了这种穿着的女性。

联合国的有关数据表明，强奸案件中有80%是熟人作案[1]，其中的性可能与幻想有关，也可能是用来表现对女性的

---

① 平菁. 亲密关系中的暴力：解读熟人强奸 [J]. 西南农业大学学报（社会科学版），2016，4（04）：87-90.

攻击和征服。在某些群体强奸案件中，一些个体的强奸行为甚至是为了获得群体的认可。

在夫妻关系里，如果存在施虐受虐情况，可能也会存在婚内性侵，但这种情况很容易被人们忽视。当然，也有可能夫妻双方会在彼此争吵之后用性行为解决问题，其间如果性的心理意义能够将彼此往相爱的方向引导，则是有益的；但如果其意义中更多是施受虐，带着攻击、贬低和恶意，那么就会造成精神和身体上的创伤。

通过性来表达愤怒不仅限于男性，在女性身上也存在类似的情况，譬如患有癔症型人格障碍[①]的女性，"诱惑攻击者"是她们常见的防御方式。患者会打扮得非常性感迷人，其目的是诱惑某一类让她们感到熟悉的男性，然后在相处的过程中，用各种方式打击控制对方，让对方降低自我价值感，以此表达自己心中的愤怒。

此外，也存在不少禁欲者，认为性是罪恶的，给性赋予肮脏、罪恶、伤害、痛苦等负面的意义。当他们想到性，就会想到各种负面的感受，以至于让自己完全没有性的需求，与罪恶感保持距离。

---

① 又称表演型人格障碍，《国际疾病分类》（ICD-10）对其诊断标准为：（1）自我戏剧化，做戏性，夸张的情绪表达；（2）暗示性，易受他人或环境影响；（3）肤浅和易变的情感；（4）不停地追求刺激，追求他人赞赏自己或以自己为注意中心的活动；（5）外表及行为表现出不恰当的挑逗性；（6）对自己外观容貌过分计较。

　　当然，性最重要的意义，也是最积极的意义，还是爱情。因为相爱而产生的亲密行为，一直被各种小说、影视剧作品以及其他形式的艺术作品所歌颂着，也是无数人理想中爱情与性的样子。在真正相爱、相互接纳、相互吸引的爱情中，彼此渴望与对方融为一体，渴望包容和接纳对方的全部，也渴望为满足对方而付出。在这样的渴望中，人们有一种自我超越和升华的体验，一个人的世界扩展到了两个人。这是美好而治愈的感受，是一种对自身具有建设性和发展性的体验，是生命的绽放。

　　显然，因相爱、相互吸引和接纳这种心理意义而产生的性行为是人们追求的理想状态，这并不容易实现，往往会掺杂着其他感受，但这为我们提供了参照——当性行为及其心理意义对我们的关系和自身起到积极作用时，就是值得肯定的；但如果更多的是出于对痛苦、无助或低自尊等负面感受的防御，甚至会强化低自我价值感，让我们的内心受到更多伤害，那就应该警惕、反思和止步。

　　我们在打算要孩子或者可能会要孩子的阶段，需要对自身的心理做一个判断，而性行为的心理意义可以作为一种参考。不可否认的是，每个人的性行为或多或少都会伴随个体精神层面感受的影响，而这种影响的程度，及其对自我和关系的作用是积极还是消极，都需要我们给予更多的重视和关注，做出更加明智的判断。正如美国心理学协会（APA）精神分析分会前主席南希·麦克威廉斯（Nancy McWilliams）在《精神分析诊断：理解人格结构》中所说的：

> 每个人的性唤起其实都具有一定的特异性。比如抚摸头发会唤起我的性欲望，可能是因为小时候母亲会经常抚弄我的头发。而伴侣也愿意相互满足，那就无需心理治疗。
>
> 但如果表现为恋物癖、暴露癖……或者因为害怕虐待而产生性欲化，反复与暴力男性纠葛，就需要治疗。

换个角度看，只有我们自身更坦然地面对性行为及其心理意义，才能给孩子传递更恰当的性价值观。例如，一位男性只喜欢优秀的女性，只对这一类女性有性欲望。这其实没有问题，更优秀的对象更能够唤起他想要拥有或成为的欲望。但如果在交往过程中，对方没有从前优秀了，或者发展受阻遇到瓶颈，他就着急想离开对方，失去了兴致，这就是问题。这说明他的爱中充满着不满、焦虑、伤害或者抛弃等负面因素，这就需要引起关注和反思。这些情绪不仅是影响伴侣关系的不稳定因素，同样也很可能会在抚养孩子的过程中传递给后代。

一个无法面对孤独的女孩总想找东西填满自己的生活，难以应对独处的她总觉得需要有人拥抱、陪伴、依靠，所以分手了很久的男朋友一打来电话，他们就复合了。如果他们真的在一起，性关系可能就成为填满她内心空虚的一种方式；如果有了孩子，很可能照顾孩子就成为她填满生活空虚的途径。那么试想：随着孩子的成长，她会多么难以放手让孩子独立发展，多么难以接受孩子与自己的分离。

如果有人为了挽回难以挽回的关系而发生性关系，进而怀孕生子，那将会在怎样的痛苦中面对破裂的关系和抚养孩子的艰难？这样的案例并不少见。如果人们不能明晰性行为的目的，很可能会造成影响一生甚至是影响后代的结果。

性行为的心理意义能够帮助我们觉察和反思我们当下心理境况的问题所在；帮助我们在亲密关系中，在个人发展和成长中，逐渐完善对自身的接纳和关怀，从而在痛苦和困境中找到重新站起来的信心和勇气。

而更清晰地识别性行为的心理意义和目的还能够帮助我们减少非本人意愿的生育行为，减少教育和关爱缺失而导致的无辜生命的痛苦挣扎。在尽可能健全自身人格、完善自身心理健康的同时，在更加包容和稳定的关系中，做出自己更能够为之负责的生育决定，有助于我们培养出身心更加健康的下一代。

第十章 爱自己，从身体开始

我经常在课堂或者讲座中问同学们这样一个问题：你爱你自己吗？同学们经常回答不上来，或者在回答了"爱"或"不爱"之后很难说清楚原因。

这是一个抽象但非常重要的问题。爱自己意味着什么呢？这个问题首先需要明确两点："自己"包括什么？爱是什么？

简单地说，"自己"至少包括身体（身体的健康状态）和心理（内心的感受和需求）；而爱是一种关怀，一种在意，一种保护和付出，并且抱有好的期待。

从这样的定义出发——爱自己，即对自己身体的保护和照顾，以及对自己内心感受和需求的关注和满足。在这样细化了之后，请再次尝试思考这个问题：你是否爱自己？

人们的心理感受复杂又难以捉摸，可能和所处的社会环境、身份角色有着密不可分的关系；但身体上的感受更清晰，更有迹可循，也通常更能够被允许表达。身体的感受往往和我们的心理感受是相互联系、相互影响的，因此从身体出发，或许更容易理解我们对自己的爱。

那么你爱自己的身体吗？

身体与心灵是一体两面

我们的身体和我们的思想意识一样，如同一个巨大而神奇的宝库，蕴含着难以想象的能量。就像动漫作品《工作细胞》里描绘的那样，在我们活着的每时每刻里，身体内部的每个单位、每个器官都在进行丰富而有序的活动：血液在流动，细胞在活跃，物质在交换，我们体内是一个达到动态平衡的细胞生态圈。神经系统在传递着讯号，让我们体会和感受这个世界，接受刺激，发出讯息，与他人进行沟通和交流……我们的精神和我们的身体在相互作用，共同维持生命系统的存在。

但有谁能时刻感受自己的心跳呢？有谁在为自己每时每刻的呼吸而庆幸和感恩呢？我们的身体，正如无数个我们以为理所当然的存在一样，实则在经历着复杂而不易的过程，才成为并维持着我们认为理所当然的样子。

美国心理治疗专家露易丝·海（Louise Hay）在 40 岁时被确诊癌症的情况下，通过践行自己领悟的"整体健康"理念，调整心态和饮食，一直活到90多岁，无数人想要了解她是怎么重获健康的。阅读她的著作《生命的重建》时，我发现自己的一些执念神奇地被化解了，很多想法自然而然地变得柔和而有力量，变得更具有包容性。尤其是读到对身体疼痛的解读时，我感到无比震惊——她对身体各部分的疼痛都给出了心理意义上的解释，虽说可能有不少还缺乏科学依据，但这部分简直就像是对身心相互作用的解密，能够帮助人们通过身体的疼痛反思内心"黑匣子"中的情绪情感体验。比如这段关于头皮的描述，或许可以解释一些人由心理原因引发的脱发困扰：

> 头发代表力量。当我们紧张害怕时，有股力量会从肩膀的肌肉直冲到头顶，有时甚至会延伸到眼睛周围。当头皮非常紧绷时，毛孔会被压迫得无法呼吸，造成头发脱落。如果紧绷的状态一直持续，头皮无法放松，毛囊也会持续紧闭着，新头发便长不出来，结果就造成了秃顶。[1]

其实这种心理与身体的互动发生在我们生活的每一处细节中：当你紧张焦虑，担忧着事情会不会办砸了的时候，眉头可能就自然皱起了"川"字，但当你尝试用手把眉头舒展，心情

---

[1]（美）露易丝·海. 生命的重建 [M]. 徐克茹，译. 第2版. 北京：中国宇航出版社，2008.

好像也会莫名舒坦一些；当你自卑、害怕的时候，头自然就低了下来，缩脖子的同时，脊背也会弓起来，此时低自尊感导致的紧张情绪会让你本能地做出缩头乌龟一样的身体姿态，就好像害怕被指责或批评一样，斜方肌收紧，仿佛随时防御着挨打，神奇的是，当你成功矫正驼背，挺胸抬头地面对他人时，说话仿佛都更有底气、更自信了；当你和人发生冲突，浑身紧张时，长舒一口气，让自己露出一个笑容，就能缓解一些紧张的情绪，没准还会让自己想到缓解冲突、相互理解的办法。这都是我们的心理与身体之间无比神奇的相互影响。

身体和心理就如同一体两面，在相互影响、相互作用，而其间的很多原理还远没有被人们探查清楚。身心之间的相互影响一直到现在仍是至少涉及医学和心理学两个学科的难题。

心理疾病中有一个概念叫作"躯体化"，意思就是内心的感受和需求非常强烈而又无法表达，因而通过躯体的形式表现出来，成为一种躯体症状。对于一些非器质性病变的疼痛或者躯体问题，医学界也只能推测其和心理因素有关，但具体是什么关系还难以明晰。

但当前不断进步和细化的身心交互医学研究（包括中医研究）已经逐步揭开身心相互影响的神秘面纱，找到越来越多的科学证据。

身体感受帮助我们觉察内心

爱自己的身体能够帮我们从身体开始，体会到被关注、被关怀、被接纳的感觉，帮我们跨越重重障碍，回归自身的感受，更接近真实的自己。如果我们不知道怎么爱自己，怎么接纳自己，那么从关照自己的身体开始，是更简单、更可行的方法。

正念是对当下不带评判的觉知 ①，它主要通过相应的指导语和练习过程，帮助个体脱离思维杂念的束缚，以一种更清晰和客观的方式观察每时每刻的经验，加强对当下的觉知。

如今，在过于忙碌的生活里，我们会陷入许多不自知的困境。比如急于去实现和达到某个工作上的目标时，我们在意的可能只有和那个目标相关的事情，担心达不到就会面临糟糕的结果，从而充满忧虑和恐惧，忽略了生活中其他重要的事情。

---

① KABAT-ZINN, J. Mindfulness-based interventions in context: Past, present, and future[J].Clinical Psychology: Science and Practice, 2003, 10(2):144-156

比如沉浸在对某人的情绪中，感到心烦意乱或者难以压抑无名怒火，这些感受的堆积会让我们将任何事情都关联到这种情绪中，甚至浪费过多的时间对抗和内耗。再比如，眼看自己逐渐到了婚育年龄或者快要过了最佳生育年龄，外界的压力和内心的焦虑会让我们左右为难，做什么都无法专心……

在这些产生了情绪却无法表达、身处困境却在用各种方式防御和回避的过程中，我们都在离自己真实的感受和需求越来越远，失去本真。在这种时候，正念是一种很有帮助的练习。通过正念练习，关注自己的呼吸，体会自己的身体感受，做一次简单的"身体扫描"，或者专注地带着正念进食、喝水、做肢体的伸展等，你会发现明明如此简单的事情，自己却好似从未细心感受过一样；你可能也会发现自己身体的某个部位比起其他部位有更加明显的疼痛感受。

正念不同于简单的身体按摩，它更像是心灵按摩。它通过强化我们对自身的感受来锻炼我们觉察自身的能力，让我们更加接纳自身每一部分、每一种感受的存在，更及时地触及自己的内心。

觉察身体感受能够提高我们觉察内心的能力，帮助我们打开探索内心的大门

很多人在做完正念练习之后，会发现自己疼痛的地方，会发现自己平时忽略了的一些感受，而这些感受正是帮助我们理解自身心理状态的重要线索。

熟悉萨提亚模式 ① 的一些咨询师或者来访者可以在某种情绪体验的驱动下，准确地说出自己身体的某个部位感受到不舒服；同时在那种情绪消退之后，又准确地描述身体感受是如何变化的。其实不只是萨提亚、露易丝·海，越来越多的流派和国内外咨询师们都逐渐开始重视身心灵的相互作用，尝试更加灵活地结合身体感受与心理需求进行综合理解。

我们在团体督导 ② 的过程中，经常有老师会通过自己的身体来表达感受的反馈，比如"在听这个个案的时候，我感觉全身很紧张""我感觉心口这里堵得慌""我很困，总跑神"等，这种身体反馈是案例中的来访者带给咨询师的；而通过身体反

---

① 萨提亚模式，又叫联合家庭治疗，是一种心理治疗的新方法，从家庭、社会等系统方面着手，更全面地处理个人身上所背负的问题。其最大特点是着重提高个人的自尊、改善沟通及帮助人活得更"人性化"，而不只求消除症状，治疗的最终目标是实现个人的"身心整合，内外一致"。

② 团体督导：是指学习者在有经验的督导者的指导帮助下完成心理工作，提高自身专业水平的过程；也是心理行业的同行们分享临床知识、理清思路、提升技巧的学习过程。

应，能够帮助我们体会来访者内心的感受，从而加深对来访者的理解。

身体是我们精神和感受的载体，也是我们和内心建立连接的媒介、渠道和途径。事实上，我们的身体几乎时刻受到心理因素的影响，在发生着各种反应，只不过有些感受被持续性地、长期地忽略，进而可能导致身体的某些疾病或者功能的紊乱。

比如，受文化影响，一些人可能并不认同自己的性别特征，认为自己的性别特征、自己的身体私密之处是肮脏和罪恶的，在这种状态下，生殖系统可能就会出问题，甚至患上慢性疾病。

女性的原发性痛经也会受到情绪的影响，负面情绪很可能会减弱子宫的血液循环，导致经血流通不畅甚至痉挛，加重疼痛。

此外，常见的心身疾病还有以下关联：

● 腰背部的疼痛：和缺乏支持、孤立无助的感觉有关；

● 消化系统的溃疡：感到不确定、不安全、失望，或是恐惧失败、自我怀疑、焦虑抑郁；

● 过度换气、哮喘：害怕或畏惧完全参与生活，感觉不到参与权甚至生存权，拒绝改变；

● 月经不调、痛经：对自己生气，憎恨自己的身体，否定自己，拒绝接受女性角色；

● 甲状腺功能亢进或减退：对被忽视感到愤怒，被绝望
所压抑；

● 皮炎：缺乏心理边界感，允许其他东西控制你，恐惧，
感受到威胁，等等。①

……

当我们能够通过身体的感受，逐渐理解自己长期积累的一
些心理问题之后，就有更多机会去探索自己内心的想法和需求，
结合当下所面临的问题和困扰，增进对自己的了解，尝试在核
心问题上拓宽思路，寻找更适合自己的认知、情感和行为模式。

当然，这种觉察也能够帮助我们在怀孕或者育儿的过程中
更敏锐地发现问题并及时应对。

爱自己的身体能够帮我们接纳此刻，活在当下，允许各
种感受和情绪的发生、流动

积极关注身体的感受，有助于我们尝试去喜欢、关注、爱
上自己本来的样子。不带任何偏见地体验当下，能够帮助我们
修正一些先入为主的观念，摆脱有色眼镜带给我们的负面情绪。

---

① （美）露易丝·海. 生命的重建 [M]. 徐克茹，译. 第2版. 北京：中国宇航
出版社，2008.

正念并不是一种玄学。从觉察呼吸开始（觉察空气进入鼻腔和肺部的感受，觉察这个过程中腹部的起伏），接着尝试扫描身体（觉察身体每一部分的感受），觉察内心的想法（觉察内心出现的各种想法，甚至是跑神，然后关注和允许内心的变化），之后可以把这种细致观察身体和心理感受的过程扩展到其他很多事情上，比如行走、吃饭、聆听、运动等等，当你熟悉了用这种方式感知当下，你可以进一步尝试在任何状态下进行正念练习，甚至将其融入生活。

很多正念练习的指导语里都有这样的话："如果你跑神了，这很正常，你只需要意识到自己跑去了哪里，然后温柔地把自己带回来。"

是的，你可以无数次跑神，可以无数次"犯错""任性""偷懒"，这些都是被允许、被接纳的；另一个你能够温柔地允许自己拥有这些自由，并且把自己带回到对自己身体感受的关注中来。在这个过程中，我们就在任由内在小孩不安、淘气、有情绪，而我们的内在小孩也会体会到被抱持的感觉，被温柔地允许和拥抱的感觉。在这个勇敢接触内心的过程中，我们能够迅速地靠近自己，允许自己感悟当下；在体会和拥抱内心的过程中，我们会变得更坚定、更安稳、更有力量。当然，其他一些练习，比如冥想、瑜伽、内观等，也可能产生类似的效果。

就像《非暴力沟通》中所说的那样，其实暴力沟通就是我们带着某种情绪去沟通，把情绪和主观臆断强加到沟通中去，强加到自己和他人身上，在不知不觉中实施了暴力和攻击。但如果我们能够觉察内心的真实感受，区分自己和他人的感受，不带任何偏见地去表达自己的想法和需求，在沟通中表达对他人的期待和希望，那我们的沟通就能够有效很多，边界感就能够清晰很多，内心的世界也能够清爽很多。

就孕育的过程而言，身体是我们孕育生命的环境，是母亲向新生命传递营养和信息的场所和媒介，母亲的情绪、想法、感受会直接影响她的身体，同时也会通过身体传递给胎儿，甚至相互影响。因此，这整个过程——从备孕开始，到分娩，到身体的恢复——都更需要我们和自己的身体更加频繁而深入地建立联结。如果缺乏与身体感受的联结，或者一直忽视身体给我们发出的信号，就很可能导致问题被一直搁置和拖延，逐渐严重，甚至影响孕育的过程，不断积累和加剧心理问题。

在育儿过程中，我们需要照顾孩子的身体健康，需要回应和处理孩子通过哭泣、注视、行为动作以及躯体感受等方式传递的信息和意愿，要做出恰当的判断和回应往往离不开我们和身体之间的联结。因为对自己的身体感受和心理状态的觉察是理解他人的基础，可以帮助我们更好地接纳自己和他人。

第十一章　践行自我关怀

在准备生育的过程中，要考虑和处理的事情很多，需要我们不断去应对各种想象不到的挑战。但不管遇到什么样的情况，我们自己内心的感受和需求都是最重要的，因为正是内心的真情实感在为我们的各种行为和反应提供着能量，提供着生命的活力。

换言之，照顾好自己是照顾好生活中其他一切的基础，在婚育过程中更是如此。

掌握生活的主动性

任何时候，主动做一件事和被动做一件事的感受和结果是
完全不同的。

在一次培训中，主讲老师讲到的"时间管理四象限法则"
理论（见图 11-1）让我至今记忆犹新。

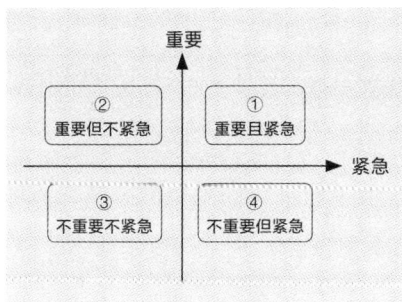

图11-1　时间管理四象限法则

时间管理四象限法则理论认为人们平时所做的事情基本上
可以分为重要且紧急、重要但不紧急、不重要不紧急和不重要

但紧急这四种类型，而我们应该多花时间在"重要但不紧急"的事情上，这些事情能够促进我们的长远发展。很多人却把大部分时间花在不重要但紧急的事情上，虽然总是忙忙叨叨，但一年又一年过去了，也不知道在忙碌些什么。

可能很多人都熟知这个理论，但这次培训让我意识到了时间管理四象限法则的关键点——主动性。

对我们来说重要的事情，一定是对我们自身有着重要意义的事情。换言之，那些重要但不紧急的事情往往是为自己期待的未来做准备，是一个主动筹备、谋划的过程；而不重要但紧急的事情往往是被动、被迫的琐事，或者是对他人重要但对自己没多大用处的事情。

如果一个人能够尽可能将更多的时间用于对自己重要但不紧急的事情，其实就是在为自己渴望的未来做准备和谋划，是在通过主动努力把生活变成自己想要的样子。

比如在工作中，如果我们总是被动地应对他人的要求，只是接受和服从安排，就会发现谁都是迫害者，谁都在推卸责任，找软柿子捏。长此以往，我们会觉得工作很痛苦、很疲惫，充满了无力感，缺乏自我价值的体现。但如果我们想要主动做出成绩，或者对某部分工作有兴趣，主动地去争取和尝试，主动为"对自己重要"的事情去努力和准备，就会发现有不少人愿意帮助和支持自己，表现出善意和友好。而当我们逐渐克服重重困难，把对自己重要的事情做好，就会被更多的人看见和认可，获得更高的价值感。

在生育这件事情上同样如此。

在不少中国家庭中，男性很难细致地体察妻子的情绪情感需求，他们过分理性、强硬，不允许自己内心的情感流露，甚至习惯了隔绝情绪，习惯了用愤怒和暴躁去表达相对负面的情感体验，还可能会持有刻板观念，认为男主外女主内，养孩子都是女人的事；家中的老一辈也常常难以摆脱传统封建的思想观念，缺乏边界感，过分插手年轻夫妇养娃育儿的大小事宜。在这种情况下，作为年轻一代女性，一定会遇到相当多的困难，不仅要面对怀孕妊娠的痛苦、产后的种种难题，还需要照顾好自己、处理好和身边人的关系、照顾好孩子……如果能够提前掌握生活的主动性，就能在更大程度上把生活变成自己期待的样子，获得更多的幸福和满足。

但这里的"主动"和"强势""控制"又有着本质上的区别。

很多人会认为拥有主导和控制权的一方更厉害、更强势、更优越，而被动、服从、柔弱就意味着失败、无能、屈服。有这种观念的一类人往往会习惯性地表现出强硬、强势、有控制欲，要掌控全局，要居高临下，才觉得自己足够强大，足够有安全感；而另一类人则恰恰相反，会完全依赖于别人，失去对自身的判断和掌控，表现出对他人完全的被动服从，也会习惯性地让他人为自己的一切负责。

我们所说的生活的主动权并不是主导权，更不是一种强势的控制，而是要在生活中跳出相对极端的思想，敢于承担责任，为自己负责，更敢于在需要的时候向他人求助，相信和依靠身边的人——学会接纳内心柔软而灵活的一面，即我们要在强势主导和被动服从之间找到一种平衡。

具体来说，对于可能出现的困难，我们可以事先了解和沟通，积极应对；对于可能出现的伤害和冒犯，我们可以做好自我关怀和自我维护的准备；对于可能出现的育儿问题，我们也可以提前调整好心态。

1. 事先做好生育后的必要准备

女性在妊娠之后往往身体虚弱，需要休养恢复，同时还要照顾孩子，因此，在产后的最初几个月里，提前做好安排是非常必要的。

夫妻双方可以在计划要孩子之前或者期间，学习和阅读相关的孕产知识，约定好彼此的分工。

大部分新生父母面对产后的大量工作会手忙脚乱，有的家庭选择请长辈或月嫂帮忙，有的家庭则提前联系月子中心来应对众多状况。只要能够合理安排，让可能发生的问题得到有序的应对和处理，让生活更顺利地推进，就实现了我们的目的——

掌握生活的主动权。无论是自我关怀还是养育孩子，只要我们相信能够处理好，就有着解决问题的无尽可能。

2. 维护自身的生理和心理边界

有些网友表示，生孩子的时候身体未得到足够的尊重，例如被频繁检查产道，通乳的时候被观察甚至围观，这让女性在心理上有一种被侵犯的羞耻感。其实这些情况我们需要区别看待。在女性的生育过程中，做检查是为了确保各方面指标正常，检查本身不应该被看作羞耻和侵犯；如果检查的时候过于紧张、难以放松，反而容易造成创伤。在这件事情上，"我要尽力确保孩子健康顺利出生"的念头显然比"我不想要任何人碰触"更有帮助。当然如果确实有异性借机做出不法行为，一定要通过法律手段维护自身的合法权益。

而对于通乳的时候被观察甚至围观这件事，我们可以明确表达自己的需求，"我不希望其他人在场"，或者"我需要更隐蔽一些的场所"，等等。这是完全正当的权利。女性完全有权利也有理由维护自己的隐私，维护自身的生理和心理边界。

3. 和身边人建立更加良性的互动关系

女性在这个阶段可能会需要更多外界的帮助，与他人的互动也会大大增多。此时，直接、明确地表达自身感受可以拉近与他人之间的距离，也会让身边人为自己提供更有效的帮助。而且，对他人明确表达感谢也会让他人感到被尊重。

人与人之间的互动在很大程度上会受互动双方对彼此态度的影响。还记得在一次讲座上，一位专家说的一句话让我记忆犹新："你很难讨厌一个真心喜欢你的人。"在我们与他人的互动增多、需要更多帮助的时期，对他人抱有积极的态度无疑会让事情更加顺利。

> 担忧会吸引更多的担忧，焦虑会吸引更多的焦虑，痛苦会吸引更多的痛苦，不满会吸引更多的不满。
>
> 同样，快乐会吸引更多的快乐，幸福会吸引更多的幸福，安宁会吸引更多的安宁，感恩会吸引更多的感恩，友善会吸引更多的友善，爱会吸引更多的爱。
>
> ——朗达·拜恩《秘密》

如果想要体会更多幸福和满足，首先需要我们有一双发现幸福的眼睛，从生活的细节开始，让自己接受各种问题的存在，接纳生活原本的样子，尝试关注好的部分，理解和接纳不够好的部分。

下面描述的这种心态或许能够更好地帮助我们接近幸福和满足。

对于我自己和自己的身体，我发自内心地喜爱、尊重、关注和保护；我允许自己或别人犯错，对于令人遗憾的事情，我能够接纳、理解、放下；对于他人给我的爱和付出，我心怀感激，觉得美好而幸福；对于我遇到的困难，我能坚韧而勇敢地面对，相信总有办法解决；对于即将到来的未知，我充满美好的期待。

让接纳、喜悦、宽容和美好的期待充满我们的内心，帮助我们在面对各种问题和困境时放过自己也放过别人，用柔和而坚定的正面念想把自己引领向更美好的时间和空间。

4. 寻求表达需求和情绪的途径

女性在生育的过程中不仅会经历身体上的虚弱，还可能会在心理上经历很多不安和创伤。为可能出现的问题提前做好安排固然能减少一部分困难，但女性的内心依然可能经历种种痛苦，如果总是无处诉说，压抑愤懑，很可能造成长期的心理伤害。

这时候，为自己找到表达需求和情绪的途径就是非常重要的事情。你可以尝试写日记，或者在一些线上平台记录下自己的心情，尝试表达自己难以言说的内心感受。当然如果伴侣、朋友、亲人或者心理咨询师能够倾听、理解并且给你支持，那就再好不过了。值得信任和依靠的关系能够提供的支持往往难以估量。

此外，有人喜欢做饭，或者享受自己爱吃的美食，有人享受运动、冥想、正念等，只要是能够让你感觉好的事情，你都可以去尝试。无论面临怎样的处境，最重要的是先照顾好自己，让自己从心理到身体都能够舒适和放松，这是我们解决和应对一切问题的前提和能量源泉。

5.掌握育儿的主动性

你可能会在育儿的过程中打退堂鼓，想要回避和放弃，但被动地逃避并非明智之举。孩子的成长有一定的规律，在孩子年幼时建立好的依恋关系，使他们获得恰当的关爱，是孩子日后心理健康发展的基石。

也就是说，在孩子小的时候，多下点功夫去关爱孩子，可以使之后的养育过程更轻松。但往往有父母在这个阶段因为"心结"而被动逃避。

心理咨询中，这种案例屡见不鲜。孩子进入青春期后，常常情绪失控、无法学习，甚至诉诸暴力、自残自伤，父母不得不开始关注孩子的问题，而来到咨询室后往往发现，这类孩子大多在年幼的时候缺乏父母的关爱和陪伴，有的根本没有和父母建立起依恋关系。直到孩子心理症状越来越严重，父母才感到后悔，意识到问题的严重性，但得花费成倍的时间、精力和财力去弥补过去对孩子的忽略。

这类父母可能曾经因为对养育孩子这件事心存复杂的情绪

才选择了回避，可能是反感道德绑架，或者自己幼年的创伤被唤起，难以处理和面对，而选择了"眼不见为净"这种自我欺瞒的方式来面对养育中的各种情绪体验。

可以想象，如果这类家长事先知道早年对孩子的忽视会造成如此严重的问题，如果他们有机会吃一剂后悔药回到十几年前，一定会在很大程度上改变自己对孩子的养育方式和态度。

在孩子年幼时多加陪伴，和孩子建立良性的依恋关系，其实也是在给自己和家人未来的幸福铺路，这是对未来的自己和孩子都有好处的事情。当然，这并不是要求你完全不管不顾自己的需求，全身心投入到孩子身上。能够照顾好自己的人才能够照顾好别人，你需要首先对自己的时间和精力做好评估和安排。

掌握主动性其实也是一种人生态度，每个人的人生都是有限的，爱自己除了表现为对身体的关注之外，在精神层面就意味着尽可能地按照自己渴望的方式度过自己的人生。而想要实现这一点，就需要我们更加积极主动地为自己的人生做打算、做安排，将更多的时间花在自己期待的选择上，让自己更舒适、更愉快。

迈向新阶段的勇气

在现代人的生育焦虑中，对养娃之艰辛的恐惧可能是最大的焦虑来源。

有孩子之后的生活确实会面临很多意想不到的挑战。还记得在一次家庭调查中，我亲眼见到一位母亲，一手抱着哇哇大哭的婴儿，一手用料理机给孩子做辅食，但手没有按紧，一个不留神，夹杂着水果碎末的半流体食物被喷溅得到处都是……就算有人帮忙，这种时刻也是非常令人崩溃的。这只是生活中的一个片段，母亲还可能会因为孩子哭闹、堵奶、疼痛而睡不好觉，种种问题与困扰接踵而至。

但这种手忙脚乱的时期并不会持续太久，事实上，熬过这段不得不辛苦劳累的时期，我们很有可能实现从内到外的成长和蜕变。

曾有一位新手妈妈非常害怕意料之外的事情发生，她很在乎对生活的掌控感，但在孩子刚出生的那段时间中，问题频出，甚至她同时遭遇老人生病需要照顾、工作出现变动等情况。在经历这一切的时候，她一开始感到很崩溃，但逐渐地，她发现原先自己最害怕的情况，好像慢慢地也能够应付，并没有那么可怕，于是"没有按照期待的样子发展"的问题也就没什么大不了的了，生活在无形中用"暴露疗法" ① 治好了她对失控情况的担忧。

　　在面对这么多问题的过程中，我们不得不分清主次，不断做出判断和选择，然而这也是让人更加成熟、更加坚毅的过程。想要在慌乱之中做出判断，在多重压力之下做出选择，在焦虑中依然尽可能用恰当的方式教育，都需要我们在内心建立起足够坚定的信念和原则，对社会、亲子关系、婚姻关系以及自身有更深刻的认识和理解。当我们真正想在乎一个人、保护一个人、爱一个人，就会自然而然表现出学习的姿态。我们需要了解清楚每一件事，才能判断是否值得让孩子去做；我们需要知道接触的人是否心怀善意，才能教会孩子如何安全地与之结交；我们需要了解社会的各种生存规则，才能教会孩子更好地适应；我们要回答孩子各种各样奇怪而又深刻的问题，就需要提前有更深入的思考。这些过程都需要积累自己的判断和理解，实现自己的学习和成长。此外，在这样的关系中，我们也要学会信

---

① 指让患者想象或直接进入其最害怕的情境中直面恐惧，以迅速校正患者对所害怕的事物的错误认识，并缓解由这种刺激引发的负面情绪的一类治疗方法。

任，学会放手和分离……而这样不断学习的我们也将变得更加强大、从容而豁达。

美国第 32 任总统富兰克林·罗斯福曾说："真正让我们感到恐惧的，是恐惧本身。"当真的经历了种种曾经担忧的问题后，你会发现，困难也就那样，没有之前想象的那么可怕。

当你相信自己能够处理好一切，当你有勇气在疲惫中调整好自己的状态，当你能够在一堆问题中逐渐站起来、走起来，你就已经战胜了内心的恐惧，超越了曾经的自己。

与其深陷恐惧的泥潭，在整夜的噩梦和惊恐中消耗自己的能量，不如尽可能地拓展自我和生活，用无限的可能性和希望对抗生命的有限。这种拓展就包括自我价值和意义的实现，尽可能发挥和扩大自身的影响力，为家庭、朋友，为集体、社会，贡献自己的光和热；而这种拓展就是创造、启发、给予，留下更多希望和可能性。

能够发现困住自己的牢笼，并且敢于打破桎梏，走出舒适圈，是一种非常可贵且极具挑战性的自我关怀，体现着我们对更有意义的人生的追求。

生育的焦虑只是人生众多担忧中的一种，它很可能是帮助我们发现深层困扰的引线，直面这种深层困扰正是实现个人成长、冲破人生束缚的机会。

愿你的人生能够像鸟飞往你的山，在追求内心真正渴望的过程中，燃烧自己的热情，勇敢体会人与人的互动与联结，尽情享受人生过程中的苦与乐。

　　这个过程你可以有遗憾，可以不够勇敢，可以停下来休整，也可以放下承受不起的负担，但请相信自己做出的尝试，你有在努力减少内耗，有在尽可能地明确内心的感受和需求，有在走出困住自己的牢笼，活出属于自己的鲜活人生。

本书所涉及案例（除名人案例外）中的人名均为化名，相关背景信息、经历及对话内容均经过改编后呈现。